知る 探る 究める

栄東のアクティブラーニング!!

◆クイズ研究部

◆鉄道研究同好会

◆20年後の履歴書

栄東祭は大盛況!!

アーチェリー 野球
チアダンス サッカー
水泳 硬式テニス
コーラス 茶道
美術 理科研究
競技数学 書道
…

研究論文
ジョブコンテンツ
栄東読書100選
ブックマイスター
ビブリオバトル
…

◆地歴AL

発想力 論理力
創造力 思考力
表現力 読解力
…

◆アメリカAL

◆京都AL

◆オーストラリアAL

◆校外ALin三宅島

京都AL
河口湖AL
奥武蔵AL
信州AL
…

AL

クラブ

キャリア

教科

校外・校内

外国語教育の
KANTO

世界と出会う
世界を考える
世界に伝える

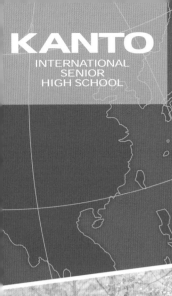

- 視野の広い国際人になりたい。
- 海外に留学したい。
- 世界に通用する英語力をつけたい。
- アジアの人々と交流がしたい。
- 新たな外国語に挑戦したい。

中学生対象　イベント開催のご案内

平日学校説明会
9/6（火）～12/8（木）　毎週 火曜日・木曜日 17:00～

体験授業
9/24（土），11/19（土）　13:30～

近隣語キャンプ / サイエンスキャンプ
10/1（土）～2（日）　1泊2日

イングリッシュキャンプ
10/16（日）　終日

各学科コース説明会
10/22（土）　10:00～/14:00～

学園祭　（個別相談のみ要予約）
10/29（土），10/30（日）　両日受付時間 9:45～14:15

クロスカルチャー　11/12（土）　9:30～

入試説明会
11/26（土）　10:00～/14:00～
12/3（土）11:30～/15:00～，12/10（土）14:00～

※イベントは全て予約制です。ホームページよりお申し込みください。最新情報はホームページからご確認ください。

・英語コース（英語クラス・海外大学留学クラス）
・近隣語各コース
（中国語・ロシア語・韓国語・
タイ語・インドネシア語・ベトナム語）

・理系コース
・日本文化コース

関東国際高等学校

〒151-0071　東京都渋谷区本町3-2-2
TEL. 03-3376-2244　FAX. 03-3376-5386
http://www.kantokokusai.ac.jp

サクセス15
October 2016
10

http://success.waseda-ac.net/

CONTENTS

特集1

09 じつは特徴がたくさん
公立高校のよさ、知っていますか?

特集2

17 規模がケタ違い!
これが大学の学園祭だ!

22 SCHOOL EXPRESS

「高い志」と「高い進路志望」の
実現を使命とする進学指導重点校
東京都立八王子東高等学校

26 Pick Up School

グローバルリーダーを育てる
富士見丘高等学校

28 School Navi 239

本郷高等学校

29 School Navi 240

十文字高等学校

30 FOCUS ON

国際的な視点を育む
多彩な取り組みが魅力
神奈川県立厚木高等学校

REGULAR LESSONS

16 東大百景 トーダイってドーダイ!?
35 世界の先端技術
38 和田式教育的指導
45 正尾佐の高校受験指南書
48 東大入試突破への現国の習慣
50 楽しみmath数学! DX
53 英語で話そう!
56 みんなの数学広場
62 先輩に聞け! 大学ナビゲーター
65 古今文豪列伝
67 ミステリーハンターQの歴男・歴女養成講座
69 あれも日本語　これも日本語
71 サクニュー!
73 サクセス書評
75 サクセスシネマ
77 なんとなく得した気分になる話
79 高校受験ここが知りたいQ&A
81 サクセスランキング
86 15歳の考現学
88 私立INSIDE
92 公立CLOSE UP
96 高校入試の基礎知識
100 中学生のための学習パズル
102 私立高校の入試問題に挑戦!!
104 サクセス広場
105 イベントスケジュール
110 Success15 Back Number
111 さくいん
112 編集後記

9月新入塾生、受付中

基礎力・習熟度などを診断させていただきます

入塾テスト 毎週土曜日実施

［時間］14:00～ ※学年により終了時間は異なります。　［料金］2,000円

入塾テストの後は

学習カウンセリング

希望者対象
無料

入塾テストの結果をもとに中学・高校受験に精通した講師による詳しい学習カウンセリングを行います。

日曜日を使って効率的に学力アップを実現する

日曜特訓講座

中2対象 中2必勝ジュニア

『合格』を果たすには、合格に必要なレベルを知り、トップレベルの問題に対応できるだけの柔軟な思考力を養うことが何よりも重要です。さあ、中2の今だからこそトライしていこう！

［科目］英語・数学　［時間］13:30～18:45
［日程］9/11、9/25、10/2、11/13、11/27、1/8
［会場］新宿校・渋谷校・成城学園前校・西日暮里校・武蔵境校・横浜校・たまプラーザ校・南浦和校・津田沼校

対象▶特訓クラス生およびレギュラークラスの上位生。詳しくはお問い合わせください。

中3対象 中3日曜特訓

2学期の日曜特訓は入試即応の実戦的な内容になっています。また、近年の入試傾向を徹底的に分析した結果、最も出題されやすい単元をズラリとそろえています。

［科目］英語・数学　［時間］13:30～18:45
［日程］9/18、10/9、10/23、11/13、11/20、11/27、12/18
［会場］茗荷谷校・大森校・三軒茶屋校・葛西校・吉祥寺校・綱島校・新百合ヶ丘校・南浦和校・川越校・松戸校・津田沼校

※都立Vもぎ（東京都）・千葉県立Vもぎ（千葉県）実施日は開始時刻を変更する場合がございます。最寄りの校舎にお問い合わせください。

中3対象

差をつける！作文力・記述力・読解力

作文コース

［9月～12月］（月4回授業）［時間］17:00～18:30（校舎によって異なります）
［入塾金］21,600円（基本コース生は不要）　［授業料］12,500円／1ヶ月（教材費を含みます）

今日の高校入試におけるキーワードの一つは記述力です。例えば、開成高校や慶應女子高校を目指すのであれば、国語として記述力の養成は不可欠です。また、ほとんどの受験生は都県立高校の出願をしますが、記述力が求められない高校はありません。東京都では、国語で 200 字作文が出ますが、それは他の県立でも同様です。つまり、高校入試で合否を左右するポイントの一つは記述力なのです。ぜひ、この特別コースで実力をつけ、第一志望合格を勝ち取りましょう。

10/21（金）

第1回難関都立高校 進学講演会
●会　　場：立川グランドホテル
●アクセス：立川駅　徒歩2分
●講演予定校：国立・立川・八王子東

10/26（水）

第2回難関都立高校 進学講演会
●会　　場：星陵会館
●アクセス：永田町駅　徒歩３分
●講演予定校：戸山・西・日比谷

中大系高校 進学講演会
●会　　場：星陵会館
●アクセス：永田町駅　徒歩３分
●講演予定校：中央大学・中大杉並・中大附属

11/4（金）

早大学院・立教新座高校 進学講演会
●会　　場：日暮里サニーホール
●アクセス：日暮里駅　徒歩２分
●講演予定校：立教新座・早大学院

早実・早大本庄高 進学講演会
●会　　場：日暮里サニーホール
●アクセス：日暮里駅　徒歩２分
●講演予定校：早稲田実業・早大本庄

11/10（木）

有名共学高校 進学講演会
●会　　場：牛込箪笥区民ホール
●アクセス：牛込神楽坂駅　徒歩１分
●講演予定校：青山学院・ICU・法政第二・明大明治

※ 詳細は早稲田アカデミーホームページにてご確認ください。
※ 通常、早稲田アカデミーに通われていない方もお申し込みいただけます。
※ 各講演会とも定員になり次第、締め切りとなりますので、お申し込みはお早めにお願いします。
※ 講演校は 50 音順に掲載しております。

お申し込みは早稲田アカデミーHPで

スマホ・パソコンで　早稲田アカデミー　検索

中3対象　難関校に合格するための最高峰の環境とシステム

必勝コース

必勝5科コース
筑駒クラス・開成クラス・国立クラス

必勝3科コース
選抜クラス・早慶クラス・難関クラス

早稲田アカデミーの必勝コースはここが違う！

講師のレベルが違う！

難関校入試のエキスパート講師陣

必勝コースを担当する講師は、難関校の入試に精通したスペシャリスト達ばかりです。早稲田アカデミーの最上位クラスを長年指導している講師の中から、さらに選ばれた講師陣が授業を担当します。教え方、やる気の出させ方、科目に関する専門知識、どれを取っても負けません。講師の早稲田アカデミーと言われる所以です。

テキストのレベルが違う！

難関校の入試に対応した教材

難関私国立の最上位校は、教科書や市販の問題集レベルでは太刀打ちできません。早稲田アカデミーでは過去十数年の入試問題を徹底分析し、難関校入試突破のためのオリジナルテキストを開発しました。今年の入試問題を詳しく分析し、必要な部分にはメンテナンスをかけて、いっそう充実したテキストになっています。

生徒のレベルが違う！

やる気を引き出すハイレベルな環境

必勝コースの生徒は難関校を狙うハイレベルな層。同じ目標を持った仲間と切磋琢磨することで成績は飛躍的に伸びます。開成79名合格、慶應女子87名合格、早慶1508名合格でも明らかなように、最上位生が集う早稲田アカデミーだから可能なクラスレベルです。

2016年度 高校入試合格実績

学校	合格数	学校	合格数
開成	79	豊島岡女子	75
筑駒	20	中大杉並	187
筑附	48	中大附属	82
お茶附	35	立教新座	327
学大附	63	ICU	78
慶應女子	87	明大明治	98
早大学院	271	成蹊	28
早実	176	渋幕	79
早大本庄	400	日比谷	81
慶應志木	272	西	52
慶應義塾	282	国立	49
慶應湘南	20		
青山学院	118		

その他多数合格

中1・中2・中3 対象　早稲アカだからできる規模・レベル・内容

志望校別模試

中2　記述重視　中2男子・女子対象　特待生認定あり
開成・慶女・国立Jr.実戦オープン模試
9/22（祝）　5科・3科選択可
進学保護者説明会 同時開催（中1・中2生の保護者様対象）

中3　本番そっくり・特別授業実施・5科　特待生認定あり　Web帳票で速報
開成実戦オープン模試
10/29（土）
開成進学 保護者説明会 同時開催
テスト 8：30～13：50　授業 14：00～15：30
テスト代 5,100円

中3　記述重視・特別授業実施・3科　特待生認定あり　Web帳票で速報
慶女実戦オープン模試
10/29（土）
慶女進学 保護者説明会 同時開催
テスト 9：00～12：30　授業 13：00～15：30
テスト代 5,100円

中1・2　開成・国立附属・早慶附属を目指す中1・中2対象　特待生認定あり　Web帳票で速報
難関チャレンジ公開模試
12/4（日）
[5科] 英・数・国・理・社　8:30～13:00
[3科] 英・数・国　8:30～11:35
テスト代 4,500円

中3　国立附属の一般と内部進学対応・5科　特待生認定あり　Web帳票で速報
国立附属実戦オープン模試
10/10（祝）
理社フォローアップテキスト配布
テスト 9：00～14：30　テスト代 5,100円

中3　早慶附属高受験者の登竜門・特別授業実施・3科　特待生認定あり　Web帳票で速報
早慶実戦オープン模試
10/16（日）
早慶進学 保護者説明会 同時開催
テスト 9：00～12：15　授業 13：00～15：00
テスト代 5,100円

中3　筑駒高校合格へ向けての課題がわかります！・5科　特待生認定あり　Web帳票で速報
筑駒実戦オープン模試
11/3（祝）
筑駒入試セミナー（生徒・保護者様対象）15:00～16:30
テスト 9：00～14：45　テスト代 5,100円

中3　課題発見。最後の早慶合格判定模試　特待生認定あり　Web帳票で速報
早慶ファイナル模試
11/26（土）
テスト 9:00～12:45　テスト代 4,200円

お問い合わせ、お申し込みは早稲田アカデミー各校舎または本社教務部 **03(5954)1731** までお願いいたします。　早稲田アカデミー　検索

ここに、君が育ち、伸びる高校生活がある。

「本来の学校らしさ」を求める高校
充実感のある高校生活と大学進学を目指す。

わたしたちの学校は、勉強に、行事に、そして部活動にも燃える、活気と充実感のある高校です。
「特進」・「コース制」を採用せず、全員に総合的学力と進学学力をつけることをめざしています。

学校説明会

9/17㊏　9/24㊏　10/ 9㊐　10/10㊗
＊文化祭当日10:00～　＊文化祭当日10:00～
10/22㊏　10/30㊐　11/ 5㊏　11/ 6㊐
11/12㊏　11/13㊐　11/19㊏　11/20㊐
11/26㊏　11/27㊐　12/ 3㊏　12/ 4㊐
12/10㊏　12/11㊐　1/14㊏　1/28㊏
2/ 4㊏　◆14:00開始　◆申し込みが必要です。

学院祭（文化祭）

10/ 9㊐・10/10㊗
9:30～16:00

◆学院祭当日も学校説明会を実施します
10:00 開会
◆申し込みが必要です

■2016年3月・卒業生進路状況

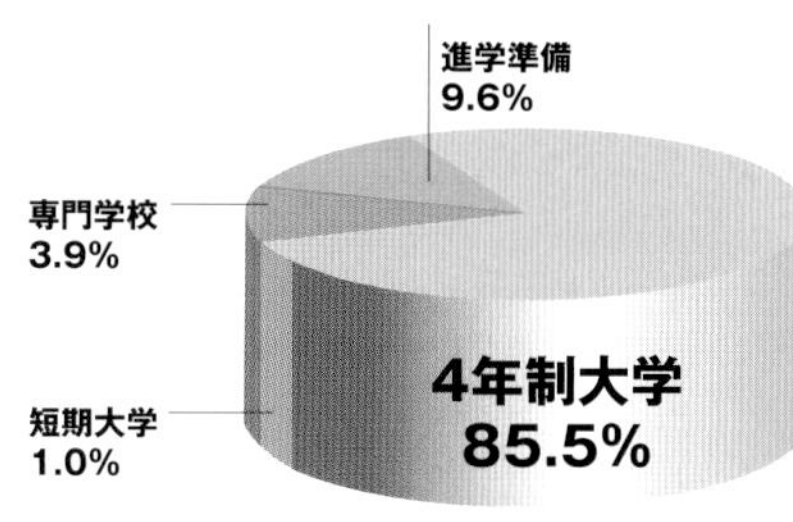

※「申し込み」は個人でお電話か、HPの「お問い合わせフォーム」よりお申し込み下さい。

正則高等学校

●申し込み・お問い合わせ 03-3431-0913 ●所在地：東京都港区芝公園3-1-36
http://www.seisoku.ed.jp

▶日比谷線・神谷町
▶三田線・御成門
いずれも徒歩5分
▶浅草線・大門
▶大江戸線・赤羽橋
いずれも徒歩10分
▶南北線・六本木一丁目
▶JR・浜松町
いずれも徒歩15分

じつは特徴がたくさん 公立高校のよさ、知っていますか？

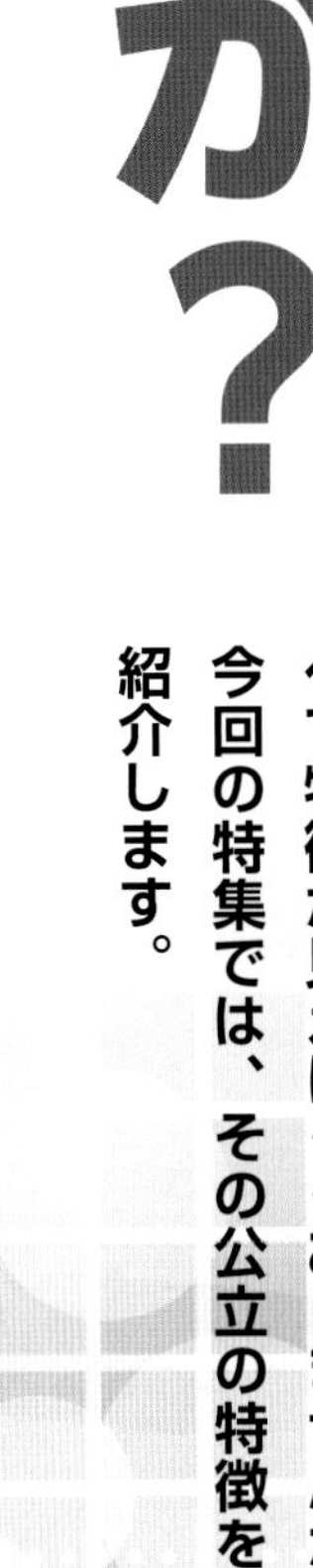

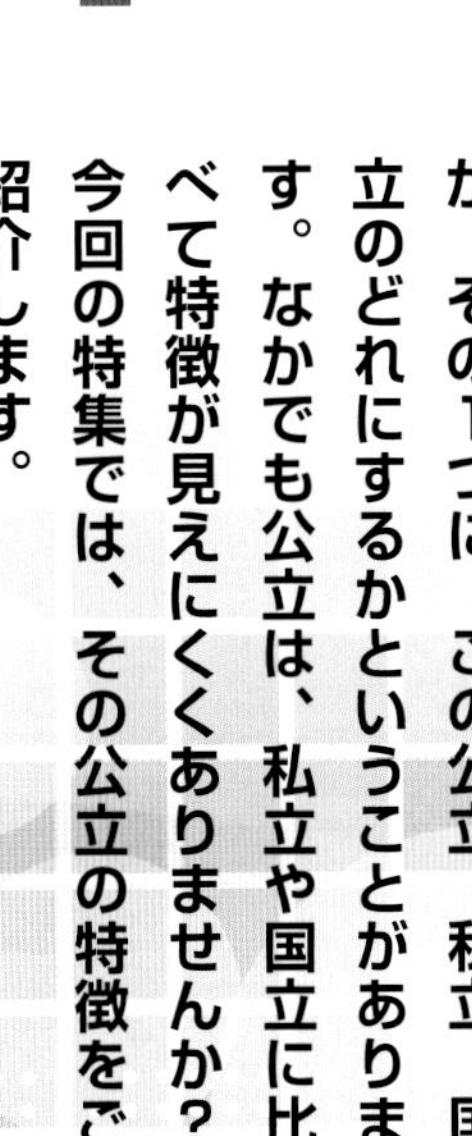

高校には公立、私立、国立の3つのタイプがあります。高校受験をする際に学校を選ぶ基準はたくさんありますが、その1つに、この公立、私立、国立のどれにするかということがあります。なかでも公立は、私立や国立に比べて特徴が見えにくくありませんか？今回の特集では、その公立の特徴をご紹介します。

公立高校（首都圏４都県）の魅力

公立高校はレベルの違いこそあれ、中身はあまり変わらないと思っている方が多いのではないでしょうか。しかし、実際はそんなことはありません。このページでは、公立高校の多面性について安田教育研究所代表の安田理さんに解説していただきました。

安田　理（やすだ　おさむ）

安田教育研究所代表。東京都生まれ。早稲田大学卒業後、(株) 学習研究社入社。雑誌の編集長を務めた後、受験情報誌・教育書籍の企画・編集にあたる。2002年安田教育研究所を設立。講演・執筆・情報発信、セミナーの開催、コンサルティングなど幅広く活躍中。

特定の学校を「進学重点校」に指定

首都圏では各都県とも「進学重点校」といった性格の指定校を設けています。年により多少入れ替えがありますが、現在は下記のような学校が指定されています。

【進学指導重点校】 日比谷、戸山、西、八王子東、青山、立川、国立。

【進学指導特別推進校】 小山台、駒場、新宿、町田、国分寺、国際。

【進学指導推進校】 九段、三田、豊多摩、竹早、北園、墨田川、城東、小松川、武蔵野北、小金井北、江北、江戸川、日野台、調布北。

このほか、２０１６年（平成28年）からは下記のような特色ある高校も作っています。

- **医学部進学希望チーム**　戸山。
- **理数アカデミー**　富士。
- **理数イノベーション校**　国分寺、八王子東、南多摩中等教育学校（高校募集なし）。
- **英語教育推進校**　青山、白鷗など。

神奈川

【学力向上進学重点校】 横浜翠嵐、光陵、柏陽、多摩、横須賀、鎌倉、湘南、平塚江南、小田原、横浜緑ケ丘、希望ケ丘、川和、相模原、厚木、大和、横浜国際、追浜、秦野。

神奈川でも２０１６年、左記のような指定が行われました。

- **理数教育推進校**　多摩、希望ケ丘、横須賀、平塚江南、相模原。
- **グローバル教育推進校**　神奈川総合、横浜平沼、横須賀明光、鎌倉、小田原、大和西。

千葉

【進学指導重点校】 木更津、佐原、千葉東、長生、県立船橋、安房、佐倉、成東、匝瑳、柏。

埼玉

伝統校を中心に「**未来を創造するリーダー育成推進プロジェクト**」という名称で指定しています。

県立浦和、浦和第一女子、大宮、春日部、不動岡、越谷北、県立川越、川越女子、熊谷、熊谷女子。

生徒の実態に合わせたタイプも開校

大学進学に力を入れる一方で、名称としては都県ごとに異なりますが、都県によっては生徒の実態に合わせた特色のある高校を設置している都県もあります。それらはカタカナの名称をつけられていることがよくあります。

例えば東京を例に取ると、

「チャレンジスクール」…中学校時代に学校生活になじめず、能力を十分発揮できなかった生徒が対象。無学年制で3部制（午前部・昼間部・夜間部）の総合学科。

「エンカレッジスクール」…中学校時代に学力面などで課題を抱えた生徒が対象。少人数・習熟度別授業、体験学習重視の普通科。神奈川ではこうした学校は「クリエイティブスクール」と呼んでいます。

このように名称は県ごとに違うので、自分の県ではどのような名称がつけられているのか、教育委員会のHPなどでチェックしてみるのもおもしろいでしょう。

なお、「エンカレッジスクール」や「クリエイティブスクール」のようなタイプの学校は、学校の性格から入試において学力検査は実施されません。

「単位制」「総合学科」「専門学科」が充実

私立校には「単位制」「総合学科」は埼玉の国際学院高校などの例外を除いてほとんどありませんが、公立校には保護者の時代にはなかったこうしたものがあります。

単位制

学年制では各学年で履修する科目と単位が決められていて、それを落とすと留年ということになります。そうなると、友だちが上の学年ということで中退してしまうケースが多いために、学年ごとに進級するのではなく、卒業までに必要単位74単位を取ればいいという仕組みにしたものです。

総合学科

15歳ではなかなか進路を決められないために、普通科目から専門性の高い科目まで幅広くそろっている普通科と専門学科の性格をあわせ持つ総合学科も生まれています。多種多様な選択科目のなかから、自分の興味・関心や進路希望に応じて選択し、自分の時間割を作って学習できるのが大きな特色です。

専門学科

そのほかでは、公立校は専門学科も充実していることが魅力です。

以前は高校卒業段階で就職する人が多数派だったので、職業科という言い方をしていました。職業科のなかには、商業科、工業科、農業科、家政科などの学科がありましたが、こうした科で学んでも就職する人ばかりではなくなったので専門学科という言い方に変わっています。

また、科も、「理数科」「英語科」「国際学科」といった普通科に近いものから、「科学技術科」「美術科」「音楽科」「体育科」「福祉科」「産業科」「ビジネスコミュニケーション科」など、多種多様な科が出現しています。実際の入試でも、千葉・埼玉では「理数科」「国際教養科」「外国語科」は人気で、例年高倍率になっています。

以上のように各都県とも公立校は特色ある高校を誕生させています。たんに難易度で選ぶのではなく、自分に合った高校を選ぶことが公立校においても大切です。

公立校の特徴を押さえておこう

10・11ページで安田さんが解説しているように、4都県の公立高校には、それぞれにさまざまな特徴があります。ここでは入試形式や日程、また、それぞれの進学実績の伸長などについて見ていきましょう。

公立校受検を考えている受験生にとって、最も押さえておかなければいけないことの1つに、試験の日程をきちんと把握し、併願校も含めた受験スケジュールを考える、ということがあります。

公立校は4都県それぞれで入試形態が違います。

東京は一般入試（以下、一般）と推薦入試（推薦）の2つに分かれています。推薦は一般より先に実施され、2017年度（平成29年度）は、1月23日に願書の受付、実施日は26・27日です。「一般推薦」と「文化・スポーツ等特別推薦」の2種類があり、検査内容は集団討論・個人面接・小論文・実技検査など、学校ごとに異なります。こうした検査と調査書点で合否が判断されます。推薦があるのは4都県のうちで東京だけです。

一般入試は、第一次募集・分割前期募集（2月）と第2次募集・分割後期募集（3月）の2回に分かれています。検査の内容は1次・分割前期が5教科＋調査書、面接・作文・実技など、2次・分割後期が国語・数学・英語の3教科と調査書、面接・作文・実技などという形になっています。

神奈川は入試機会は1度だけです。1月30日～2月1日に募集があり、2月15日に学力検査（5教科）、15～17日に面接と、学校ごとに実施される特色検査（実技検査・自己表現検査）があります。合否判定はこれに調査書点を加えて判断されます。

千葉は前期と後期に分かれており、前期で不合格だった場合に、後期で再度挑戦することができます。前期は学力検査（5教科）＋調査書と面接や作文、自己表現などから、後期は学力検査（5教科）＋調査書から合否が決まります。基本的には前期の方が募集人数は多くなっています。

埼玉は神奈川同様に、一般のみで入試機会は1度だけ。4都県で最も実施日が遅く、3月に入ってからです（2・3日）。5教科の学力検査と調査書、そして学校によって面接や実技検査が課されます。

私立校との一番の違いは、同じ都県の公立校は検査の実施日がすべて同一ですから、1校しか受検することができないということです。また、試験問題は一部を除いて共通問題が使用されるのも特徴です。

そして、東京で2016年度（平成28年度）入試から、一部の学校以外の学力検査でマークシート方式（解答の番号を塗りつぶす）が取り入れられ、2017年度から神奈川でもマークシート方式が導入されるように、公立校では検査内容などが変更されることがあります。当然ながら事前に告知されますが、こういった意味でも、情報収集は欠かさないようにしましょう。

14ページでは4都県の公立校と私立校の試験日程の一覧を掲載しています。この一覧を見ながら、私立の併願校受験を含め、公立校受検までのタイムスケジュールを考えてみましょう。

トップ校以外の大学合格実績も伸長

高校入試における学校選びの基準の1つに大学合格実績があります。公立高校は都県ごとに「進学指導重点校」（東京、千葉）や「学力向上進学重点校」（神奈川）などの名称で、進学指導に力を入れる学校を指定しており、その成果が着実に表れています。

難関国公立大や難関私立大への合格者数自体は、国立校や私立校にまだ劣るものの、近年、合格者数の増加が伸びを見せている学校が少なくありません。

東京は日比谷が今春の大学入試で東京大合格者を大きく伸ばして注目を集めたのを筆頭に、西、国立、戸山、八王子東といった進学指導重点校はもちろんのこと、駒場、新宿、国分寺、国際などの進学指導特別推進校、豊多摩、北園、竹早、墨田川、武蔵野北、小金井北、調布北などの進学指導推進校、そして、白鷗、両国、武蔵などの公立中高一貫校（これら3校は高校募集あり）の合格者数は毎年のように増加しています。

神奈川は横浜翠嵐、湘南という2つの名門校、柏陽、多摩、光陵、希望ケ丘、厚木、川和など、各地域をけん引する学力向上進学重点校各校や市立横浜サイエンスフロンティアなどが実績を積み重ねています。

千葉も県立千葉、県立船橋、東葛飾のトップ3校に加えて、千葉東などの進学指導重点校、そして市立稲毛、市立千葉といった学校が伸びを見せています。

埼玉は大宮、県立浦和、浦和第一女子を筆頭に、春日部、県立川越、川越女子、不動岡などの「未来を創造するリーダー育成推進プロジェクト」校だけでなく、春日部東、蕨、市立浦和、浦和西などの学校も合格者を増やしています。

毎年春に発表される東京大の合格者ランキングを見ても、上位は国立校や私立校が占めることが大半で、大学進学に関してはそのイメージが強くなりがちですが、公立校も立地する地域の要請に応えるため、教育内容に日々改善を加えている学校が増えています。

教育内容に特徴がある専門学科

もう1つ、公立校受検を考える際に考えたいのが専門学科の存在です。11ページにあるように、専門学科には近年、理数科、英語科、国際学科などが増え、こうした学科は普通科よりも理数や英語に興味を持つ生徒の人気を集めています。

理数科では市立横浜サイエンスフロンティア、弥栄（神奈川）、県立船橋、市立千葉、柏（千葉）、佐倉（千葉）、大宮、越谷北（埼玉）、松山（埼玉）、市立大宮北（埼玉）など、国際系の学科では国際（国際科）、市立橘（神奈川、国際科）、弥栄（国際科）、成田国際（千葉、国際科）、不動岡（外国語科）、蕨（外国語科）、春日部女子（埼玉、外国語科）など、また、東葛飾の医歯薬コース、横浜国際（神奈川）の国際情報科などといった学科もあります。

カリキュラムに特徴があるこうした専門学科は、高校やその先の大学でどんな勉強がしたいかという希望がある場合に最適です。

このように、ひとくくりで考えられがちな公立校ですが、入試形態や大学合格実績、教育内容など、地域ごと、学校ごとに個性があるということをしっかりと押さえておきましょう。

～公立校受検までのタイムスケジュール～

首都圏の公立校の入試日程はバラバラです。自分の住む都県公立高校の受検までのスケジュール、
そして、併願できる私立校の試験実施日は、いまから頭に入れておきましょう

月	東京	神奈川	千葉	埼玉
1月			17日〜 私立校入試（前期選抜）	
	22日〜 私立校入試（推薦）	22日〜 私立校入試（推薦）		22日〜 私立校入試
	23日 公立校願書等提出（推薦）			
	26・27日 公立校入学者選抜（推薦）			
		30日 公立校願書等提出期間		
		～		
2月		1日 公立校願書等提出期間		
	2日 公立校合格発表（推薦）			
			3日 公立校願書等提出期間（前期選抜）	
			5日〜私立校入試（後期選抜）	
			6日 公立校願書等提出期間（前期選抜）	
	7日 公立校願書等提出期間（一般）（一次募集および分割前期）			
	8日 公立校願書等提出期間（一般）（一次募集および分割前期）			
	10日〜 私立校入試（一般）	10日〜 私立校入試（一般）		
			13日 公立校学力検査（前期選抜）	
			14日 公立校学力検査（前期選抜）	
		15日 公立校学力検査、面接および特色検査		
		16日 面接および特色検査		
		17日 面接および特色検査		
			20日 公立校合格発表（前期選抜）	20日 公立校願書等提出期間
				21日 公立校願書等提出期間
			23日 公立校願書等提出（後期選抜）	
	24日 公立校学力検査（一般）（一次募集および分割前期）			
		28日 公立校合格発表		
3月			1日 公立校学力検査（後期選抜）	
	2日 公立校合格発表（一般）（一次募集および分割前期）			2日 公立校学力検査
				3日 公立校実技検査（芸術系学科等）、面接（一部の学校）
	7日 公立校願書等提出（一般）（分割後期および二次募集）		7日 公立校合格発表（後期選抜）	
	10日 公立校学力検査（一般）（分割後期および二次募集）			10日 公立校合格発表
	16日 公立校合格発表（一般）（分割後期および二次募集）			

※普通科全日制の日程を掲載しています。全日制でも一部例外がありますので、各都県教育委員会HPなどで確認してください。

真の文武両道を追求しよう!

平成28年度・大学合格者数
一橋大・北海道大・東北大 合格

国公立大	54名	早慶上理	85名
医歯薬看護	65名	G-MARCH	191名

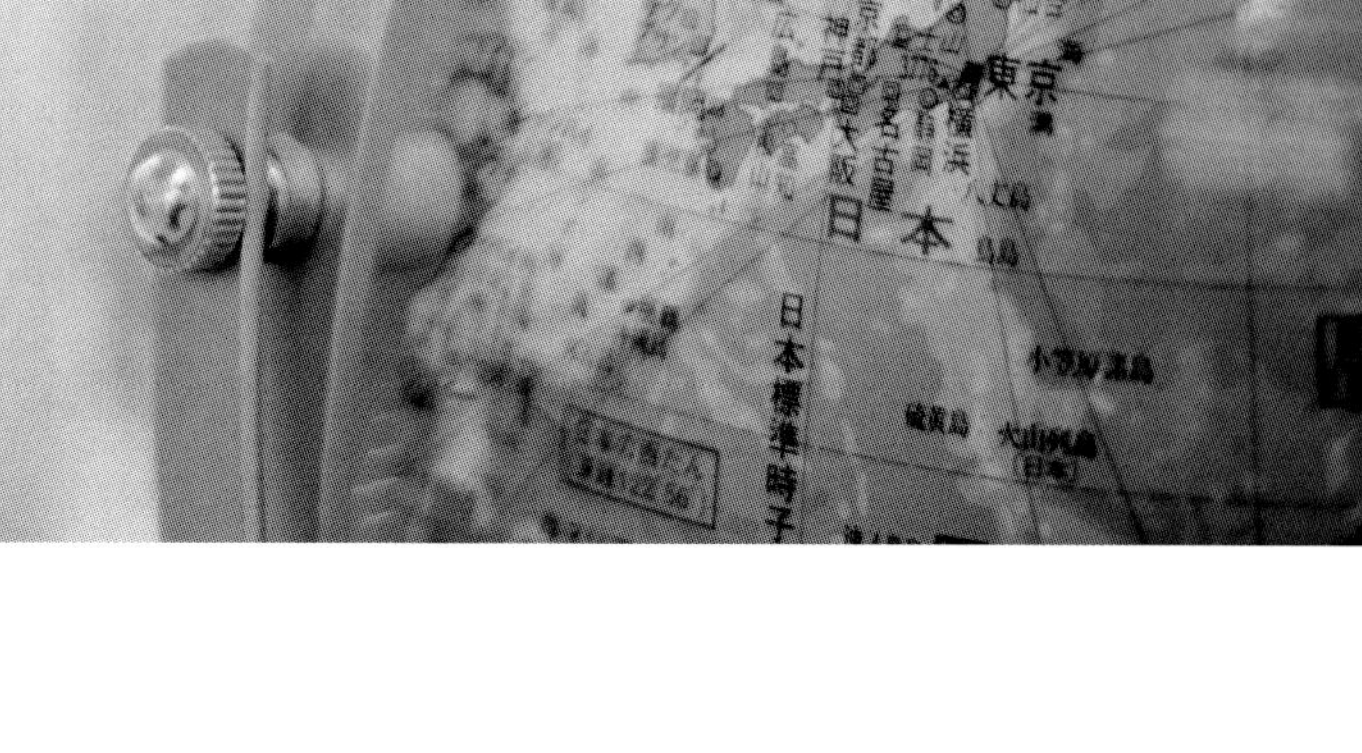

2部活が世界大会出場! 女子バレー部、パワーリフティング部
4部活が全国大会出場! 吹奏楽部、水泳部、陸上競技部、パワーリフティング部
4部活が関東大会出場! 野球部、アーチェリー部、男子バレー部、陸上競技部

◆ 入試説明会(予約不要)◆
(10:00～11:30)
9月24日(土) 10月16日(日)
11月12日(土)

◆ ナイト説明会(予約不要)◆
(19:00～20:00)
9月20日(火) 会場:越谷コミュニティセンター
(南越谷駅より徒歩3分)

◆ 個別相談会(完全予約制)◆
*予約受付はHPにてご案内しています
(9:00～12:00、13:00～15:00)
10月23日(日) 10月30日(日)
11月20日(日) 11月26日(土)
11月27日(日) 12月10日(土)
12月18日(日)

◆ 入試日程 ◆
<第1回入試> 1月22日(日)
<第2回入試> 1月24日(火)
<第3回入試> 2月 1日(水)

*日程は予定ですので、HPなどでご確認のうえ、ぜひお越し下さい。

春日部共栄高等学校

〒344−0037 埼玉県春日部市上大増新田213 ☎048−737−7611
東武伊勢崎線春日部駅西口からスクールバス(無料)で7分
http://www.k-kyoei.ed.jp

東大百景
トーダイってドーダイ!?

本当に行きたい高校を自分自身で探し出そう

VOL.7　text by ケン坊

夏休みが終わり2学期が始まっていますね。2学期も気を引き締めていきましょう！　さて、私はいま、所属する水泳部の大会で京都にいます。中学も高校も修学旅行が京都・奈良だったので何度目かの来訪ですが、やはりいつもと違う西の都の風情には癒やされますね。

さて今回は、受験生のみなさんはそろそろ志望校を絞る時期でしょうから、経験談も交えながら「志望校の選び方」の話をします。先に結論から言うと、志望校選びで最も重要なのは「自分で高校について調べ、本当に行きたいと思ったところをめざすこと」です。

みなさんはどんなことを基準に志望校を選ぼうと考えていますか？　学力、通学時間、部活動、その他の特色など、選ぶときのポイントはさまざまだと思います。私はというと、「とにかく楽しい高校に行きたい！」ということを第一に考えていました。そうして色々な高校を調べていくなかで見つけたのが、のちに私の母校となる高校でした。そこはいまどき珍しい公立の男子校で、自由な校風も相まって、当時の私にはとてもまぶしく映りました。

男子校というと、女子がいないことにより「むさ苦しい」「汗臭そう」といったイメージがあるかもしれませんが、それでも私はその高校に心の底から魅力を感じ、本気でめざしたいと思うようになりました。

ちなみにその高校のレベルは当時の私の学力レベルよりも非常に高く、雲の上の存在でした。でも、逆にそこでスイッチが入ったことにより本気で受験勉強に取り組めるようになりました。

そして努力の結果、無事その高校に合格し、3年間を過ごすことができました。もちろん併願校もいくつか考えており、そのなかには共学校もあったのですが、フタを開けてみれば合格した高校はすべて男子校で、結局どう転んでも男子校に行く運命だったようです（笑）。

いつ高校時代を振り返っても、入学前に思い描いていたよりもはるかに楽しい3年間だったなという結論にいたります。自分で高校について色々と調べ、本気で行きたい高校を見つけることができたからこそ、このように感じるのだと思います。みなさんも、まずは調べることからスタートして、最終的には自分で志望校を決定し、そこに向かって努力をしてほしいと強く思います。

今月のすごい東大生

頭脳も泳ぎもトップレベルのイケメンスイマー

前述の通り、ちょうど部活動の大会で遠征中ということで、今回は水泳部の2年生Iくんを紹介します。

まず彼のすごいところは、東大の理科Ⅲ類生として入学してきたことです。以前のコラムでも述べたように、東大の1学年は3000人。そのなかで理科Ⅲ類は100人程度しかおらず、彼らは最高峰たる東大医学部へと進学していきます。そんなたった100人のうちの1人がわが部にいるだけでもすごいのに、彼は頭脳だけでなく泳ぎも超すごいのです。専門はバタフライで、それほどムキムキな身体というわけでもないのに、その速さは全国トップレベル。個人で全国大会に出場し、さらにはなんと決勝のレースにも進出してしまうほどの実力の持ち主なのです。

以前、速さの秘訣を聞いてみたところ、「とにかく考えて泳いでいる」との返答をもらいました。1つひとつの本当に細かい動作を意識して、どうすれば速く泳げるかを緻密に考えているようで、本当に頭がいいとはこういうことなんだな…と格の違いを痛感しました。

規模がケタ違い！

これが大学の学園祭だ！

先月号で特集した高校の文化祭に続いて、今月号では大学の学園祭を紹介します。大学生が作り上げる祭典では、中学・高校のそれとはひと味もふた味も違う感動が、みなさんを待っています。

中学生でも楽しめる！大学の学園祭の魅力

前号では高校の文化祭を紹介したので、今回は大学の学園祭です。高校の文化祭もすごいのですが、大学はもっとスケールが大きいのです。

まず、大学は高校と比べて学生数が増えるので、必然的に規模も大きくなります。大学の学園祭では、毎年10万人以上の来場者が訪れるというところもあり、その迫力はかなりのものです。

また、内容についても高校の文化祭とは違う面があります。模擬店や音楽系サークルのステージ発表、有名人をゲストに招いたトークライブなどいかにもお祭という出し物から、研究室の展示や大学の講義体験など学術的に高度なものまで、幅広い内容が混在するのが大学の学園祭の魅力です。

「中学生が行ってもいいのかな？」と不安に思う人がいるかもしれませんが、心配しなくても大丈夫。大学の学園祭はその大学の近隣に住んでいる方々も多く訪れていますし、年齢に関係なく楽しめる工夫が施されている場合が多いので、中学生でも気おくれすることなくどんどん参加してください。

「この大学ではどんなことを研究しているのか」、「高校の先の大学ではどんなことが学べるのか」、そんなことが気になる人はもちろん、「まだ大学のことなんて考えられない」という人でも、気軽に参加できる学園祭を訪れ、楽しみながら大学を見学してほしいと思います。

次のページでは、東京大の駒場祭実行委員会の方へのインタビューと、これから行ける首都圏有名大学の学園祭日程を掲載していますので、チェックしてみてください。

エネルギッシュさが特徴
多様な企画で楽しませる

駒場祭委員会委員長
2年生
池田（いけだ） 祐輝（ゆうき）さん

駒場祭委員会広報戦略統括
2年生
松田（まつだ） 康佑（こうすけ）さん

東京大学には、2つの学園祭があります。1つは本郷キャンパスで行われる五月祭。もう1つは今回ご紹介する駒場キャンパスの駒場祭です。

松田さんは「五月祭は、3、4年生による研究発表が多く、アカデミックな雰囲気です。駒場祭は例年約500の団体が参加していて、1、2年生を中心にサークル企画などが多数あり、大学生らしいエネルギッシュさが特徴です。駒場祭独自の『こまっけろ』というマスコットもいます」と話します。

「今年の駒場祭のテーマは『めしあがれ。』です。企画をすべて料理と表現し、学生は自信を持って料理を出し、来場者は期待を持って料理を受け取る。そのつながりによって、特別な非日常の雰囲気を出したいと思っています」と池田さん。

駒場祭は多くの模擬店があるのが特徴で、森林について学ぶ東京大学農学部森林科学専修による鹿肉料理Ⓐや、東大みかん愛好会のみかん料理Ⓑなど、一風変わったものもあり興味をひかれます。

もちろん模擬店以外の企画も盛りだくさん。東京大学折り紙サークルOristの展示Ⓒ、東京大学地文研究会天文部手作りのプラネタリウムⒹ、中学生も受けられる東京大学の教授による公開講座Ⓔなどが例年人気です。

「駒場祭は昔から演劇が盛んで、多目的ホールで行う『文三劇場（ぶんさん）』では、さまざまな演劇が上演されます。ほかにもバンドなどのステージ発表も充実しています。」（松田さん）

「キャンパスのガイドツアーや小さな子ども向けの企画Ⓕを行うなど、幅広い年齢層に楽しんでもらえるように工夫しています。」（池田さん）

多種多様な企画が魅力の駒場祭。来場者は年々増え、昨年は13万人を超えました。みなさんも今年は足を運んでみてはいかがでしょう。

「中学生にとって、大学をイメージするのは難しいと思いますが、駒場祭で、東京大学の学生がどんな雰囲気なのか、どんなことをしているのかを感じてほしいです。」（松田さん）

「駒場祭は、キャンパス内のイチョウが色づく時期なので、目でも楽しんでもらえます。経験したことのない非日常感と賑やかさで来場者を圧倒したいと思っているので、ぜひ来てください。」（池田さん）

規模がケタ違い！
これが大学の学園祭だ！

首都圏　有名大学の学園祭（抜粋）

国立大学

学園祭名称	実施キャンパス	日程
お茶の水女子大		
徽音祭	大塚キャンパス	11月12日(土)・13日(土)
東京大		
駒場祭	駒場キャンパス	11月25日(金)〜27日(日)
東京医科歯科大		
お茶の水祭	湯島キャンパス	10月15日(土)・16日(日)
東京外国語大		
外語祭	府中キャンパス	11月19日(土)〜23日(水祝)
東京学芸大		
小金井祭	小金井キャンパス	11月3日(木)〜5日(日)
東京工業大		
工大祭	大岡山キャンパス	10月8日(土)・9日(日)
埼玉大		
むつめ祭	大久保キャンパス	11月24日(木)〜26日(土)
千葉大		
千葉大祭	西千葉キャンパス	11月3日(木祝)〜6日(日)
亥鼻祭	亥鼻キャンパス	11月5日(土)・6日(日)
戸定祭	松戸キャンパス	11月4日(金)〜6日(日)
センター祭	柏の葉キャンパス	11月3日(木祝)
筑波大		
雙峰祭	筑波キャンパス	11月5日(土)〜6日(日) ※前夜祭は11月4日(金)
横浜国立大		
常盤祭	常盤台キャンパス	10月29日(土)〜31日(月)

私立大学

学園祭名称	実施キャンパス	日程
青山学院大		
青山祭	青山キャンパス	10月28日(金)〜10月30日(日)
相模原祭	相模原キャンパス	10月8日(土)・9日(日)
学習院大		
桜凜祭	目白キャンパス	11月4日(金)〜6日(日)
慶應義塾大		
三田祭	三田キャンパス	11月17(木)〜20日(日)
国際基督教大（ICU）		
ICU祭	ICUキャンパス(三鷹)	10月22日(土)・23日(日)
上智大		
ソフィア祭	四谷キャンパス	11月1日(火)〜3日(木) ※前夜祭は10月31日(月)
中央大		
白門祭	多摩キャンパス	11月2日(水)〜6日(日)
理工白門祭	後楽園キャンパス	11月4日(金)〜6日(日)
東京理科大		
理大祭	神楽坂キャンパス 葛飾キャンパス 久喜キャンパス 野田キャンパス	11月19日(日)・20日(日)
法政大		
自主法政祭 市ヶ谷地区	市ヶ谷キャンパス	11月3日(木祝)〜6日(日)
自主法政祭 多摩地区	多摩キャンパス	10月15日(土)・16日(日)
小金井祭	小金井キャンパス	11月3日(木祝)〜5日(土)
明治大		
明大祭	和泉キャンパス	10月29日(土)〜31日(月)
生明祭	生田キャンパス	11月18日(金)〜20日(日)
立教大		
St. Paul's Festival	池袋キャンパス	10月29日(土)〜31日(月)
IVY Festa	新座キャンパス	10月29日(土)〜30日(日)
早稲田大		
早稲田祭	早稲田キャンパス 戸山キャンパス	11月5日(土)・6日(日)
理工展	理工学部キャンパス	11月5日(土)・6日(日)
所沢キャンパス祭	所沢キャンパス	10月30日(日)

※日程については、再度各学園祭のホームページ等でご確認ください。

新刊案内

「先生を育て学校を伸ばす」ベテランが教える

生徒を育て、人を育て、そして、自分を育てる 先生のための本

先生！子どもが元気に育っていますか？

淡路雅夫 著

Masao Awaji

先生のための

人を育て、自分を育て

学校も伸びる本

グローバル教育出版

学校が伸びる

教員は、生徒に向ける関心こそが、自己の生徒指導の方法を磨いていくのだということに気づくべきです。生徒に「目をかけ、心をかけて」育てていくことで、教員自身も育てられているのです。それがひいては、学校を伸ばすことにつながります……著者

淡路雅夫 著

先生！子どもが元気に育っていますか？

A5判 160ページ 1,500円＋税

淡路雅夫（あわじ・まさお）

淡路子育て支援教育研究所主宰。私立浅野中学・高等学校の前校長。現在は、國學院大學教職特別講師、関東学院大学非常勤講師、東邦大学教職アドバイザーなどを務め、講演・執筆活動を通して私学支援を行う。専門分野は子どもの教育・福祉を中心とした家族・親子問題。

ISBN978-4-86512-058-5

この本は 先生のための「教科書」であり「強化書」である

森上教育研究所 所長 森上展安

http://www.g-ap.com

グローバル教育出版 〒101-0047 東京都千代田区内神田2-4-2 グローバルビル 電話 03-3253-5944 Fax 03-3253-5945

アジア太平洋地域の中高生国際コンテストイベント

Global Link Singapore 2016 シンガポールで開催!!

このイベントは、研究発表を通じて中高生が世界とつながる場を提供しグローバル社会で活躍する力を育みます。
第3回となる2016年は、7月22日（金）～25日（月）にシンガポール国立大学（NUS)にて開催され、
アジア6カ国（日本・シンガポール・マレーシア・タイ・インドネシア・台湾）から27校82名の中高生が
科学と社会課題のアイデアコンテストや交流会、レクチャーに参加し、グローバル社会へと進む力を磨きました。

プログラム内容 （前後プログラムを含め、7月22日～25日の全4日間）

1日目 ：プレプログラム	2日目 ：コンテスト	3日目 ：スタディーツアー	4日目 ：市内視察
シンガポール国立大視察 参加者交流会	オーラル/ポスターセッション 表彰式・レセプションディナー	大学レクチャー受講 シンガポール研究施設見学	自由視察 シンガポール発

2016 コンテスト受賞者

科学や社会課題に関するアイデアや研究成果について、国際舞台で英語プレゼンテーション。
6カ国、27校から、オーラルセッションは全14チーム、ポスターセッションは全24チームが参加。
シンガポールを代表する研究者による審査や、参加者同士の投票により各賞の受賞者が決定しました！

【2016日本人受賞者】スペースの関係で日本人受賞校のみ掲載しています。

オーラルセッション部門

サイエンス部門　Best Presentation Award（ベストプレゼンテーション賞）
宮城県仙台第三高等学校（日本）　岩間公希
Development of re-solidification concrete—A new life in the rubble be discarded

サイエンス部門　Futuristic Award（未来志向賞）
福岡県立香住丘高等学校（日本）　坂本茜、荻本成基
Decreasing air resistance using a wind lens and dimples—Application for wind turbine generator

サイエンス部門　Special Award（審査員特別賞）
愛媛県立長浜高等学校（日本）　重松 夏帆 、山本 美歩
Mg ions block nematocyst discharge and are involved in learning in Cnidaria

社会課題部門 Best Presentation Award（ベストプレゼンテーション賞）
横浜市立横浜サイエンスフロンティア高等学校（日本）　中野 裕夏、武藤 実緒
The suggestion of maintaining the precious traditions by using today's developed information technology

ポスターセッション部門

サイエンス部門　1st Prize
池田高等学校（日本）　中村 美月、サン・ルイシン、藤田 祥帆
Regional comparison of ants and ports in southern Japan - Monitoring of alien ant species

社会課題部門　1st Prize
富士見丘高等学校（日本）　春日 明日香、長尾 真実
To aim for a sustainable society within our school

参加生徒の感想

- 発表は緊張したが、大勢の外国の方や審査員に聞いてもらえて嬉しかった。楽しく発表できた。
- 自分達の研究を知ってもらえて良かった。発表の努力が伝わり、分かってもらえることが嬉しかった。
- 英語を理解したり、うまく説明することができなくて悔しかった。語学力を伸ばしたいと思った。
- 他国の生徒の視点や考え方を学べて刺激を受けた。他国の生徒の発表の姿から学ぶ部分があった。
- 英語の文法や発音にこだわらなくてもコミュニケーションをとれることを感じた。
- 海外の生徒と仲良くなり、たくさん話すことができて楽しかった。

先生方の感想

- 多くの刺激を受け、グローバル社会での活躍を目指す日本の生徒にとって貴重な経験だと思った。
- 様々なレベルの生徒がそれぞれ一生懸命参加しており、良い機会だと思った。
- 生徒も教員も成長できるグローバル教育企画だと思う。また参加させたい。
- 生徒間の交流だけでなく、教員同士の情報交換が出来た。

お問い合わせ

「グローバル・リンク・シンガポール」日本事務局
JTB国際交流センター内　担当：植木・小泉
TEL：03-5909-8051 / FAX 03-5909-8054
E-mail：gsl@bwt.jtb.jp

主 催：　グローバル・リンク・シンガポール実行委員会
共 催：　JTBグループ
後 援：　国立研究開発法人 科学技術振興機構(JST)
　　　　シンガポール科学技術究庁（A-Star)、シンガポール政府観光局
協 力：　日本サイエンスサービス（NSS)、Pico Factory Japan

東京都立八王子東高等学校

Hachiojihigashi High School

東京都　八王子市　共学校

「高い志」と「高い進路志望」の実現を使命とする進学指導重点校

昨年創立40周年を迎えた東京都立八王子東高等学校は、東京都より「進学指導重点校」と「理数イノベーション校」の指定を受けている学校です。文系・理系に偏らず幅広く学ぶカリキュラムや充実した講習制度、きめ細かな進路指導などの特色ある教育内容は、毎年、難関国公立大学への合格実績として表れています。

木下 和彦（きのした かずひこ）校長先生

生徒の持っている可能性を十分に伸ばす

東京都立八王子東高等学校（以下、八王子東）は1976年（昭和51年）に開校しました。2015年（平成27年）4月に創立40周年を迎えています。2001年（平成13年）に東京都の第1回進学指導重点校に指定され、2007年（平成19年）には第2回の指定を受けています。

また、2015年度（平成27年度）から「理数イノベーション校」にも選ばれています。第一線の研究者による講演や最先端の研究所訪問など、生徒の知的探究心を刺激するさ

学校施設

校舎

グラウンド

桜が咲き誇る正門の風景

首都大学東京・日野キャンパスに隣接する落ち着いた環境にあります。学校の周囲には桜の木が植えられ、春には見事な花を咲かせます。

まざまな取り組みが実施され、注目を集めています。八王子東では、この2つの指定を柱に、生徒の「高い志」と「高い進路志望」の実現を使命としています。

教育目標として「健康・勉学・良識」が掲げられています。これについて木下和彦校長先生にお話を伺いました。

「この目標は初代校長の石坂富司先生が掲げたもので、当時から大切にされてきました。健康は生活のベースとなる大切なものですし、進学校として勉学を重視しつつ、良識も併せ持った大人に育てたいという想いが込められています。

また、当時から重視されてきた理念として、『伸びこぼしも、落ちこぼしも作らない』があります。創立された当時は『落ちこぼれ』が話題になった時代でした。石坂先生は生徒が持つ可能性を十分に引き出したいと考え、落ちこぼしを出さないように支えると同時に、伸びる生徒もサポートし伸びこぼしを作らないことをめざしました。こうして、創立から41年間、1人ひとりに対応する親身な指導を積み重ねた成果として、いまの本校があるのだと思います。」（木下校長先生）

高1・高2は共通履修 教養を育むカリキュラム

カリキュラムは、高1・高2は全員が共通履修となり、文理の偏りなく基礎学力をしっかりと育みます。高2までに理科4科目（化学基礎・生物基礎・物理基礎・化学）が必修となっている点も特徴です。高3では文系・理系に分かれ、大学受験に対応した選択科目が設けられています。

また、全学年の英語の授業と高3の数学の一部の授業では、習熟度別授業が行われ、きめ細かな指導が展開されています。「伸びこぼしも、落ちこぼしも作らない」工夫がここにも見て取れます。

「本校は教員と生徒の距離間がとても近い学校だと感じます。教科指導や進学指導など、なにごとにも教員と生徒がいっしょになって取り組む校風があります。校内で自習をする生徒が多いのですが、なにか質問があれば、生徒はすぐに教員に聞いています。また、教員が自主的に早朝や放課後を使って補習や講習を実施することもあります。『受験は団体戦』という言葉がありますが、本校では、進学指導重点校に指定される前からこうした意識が育まれ、結果を残してきました。」（木下校長先生）

夏期・秋期・冬期 充実の講習制度

八王子東は、長期休業中などに実施される講習制度が充実していることでも有名です。

とくに高3では、大学進学へ向けた実践的な講習が用意されています。まず、1学期の期末考査が終わった直後から夏期講習が開始。この時期はまだ夏休みの前なので、放課後を使って実施されます。

その後、夏休み中を通して夏期講習が行われ、2学期に入ると放課後に秋期講習が入ります。そして2学期の期末考査後には冬期講習が始まり、入試まで継続的に生徒を支援する体制が整えられています。

実施講座数も多く、夏期講習では約75講座が開講され、生徒1人あたり平均8講座を受講し、のべ2500名が参加しています。また、高1・高2には夏期講習・冬期講習が用意されています。

組織的な指導体制が 夢の実現へと導く

八王子東では、国公立大への進学を希望する生徒が多く、進学実績を見ても、国公立大への現役合格者を4年連続で100人以上出しています。これは、卒業生の3人に1人が現役で国公立大に入学していることになり、リベンジ組を入れると2人に1人の実績となります。

こうした合格実績を導く秘訣が、進路指導部を中心とした組織的な進路指導体制にあります。実力テストや模擬試験、学年集会、個人面談をはじめ、進路意識を喚起させる卒業生との懇談会、有識者を招いた進路講演会など進路指導に関する行事が年間を通じて計画的に行われます。

木下校長先生は、「定期考査・実力テスト・模擬試験の結果や面談内容は個人ファイルにまとめられ、進路指導に活かされます。また、卒業学年の進路指導結果は、次年度5月の進路結果報告会にて他の学年の教員と共有するなど、工夫をしています。報告会には、卒業学年を担当し、翌年度から他校へ異動した教員にも参加してもらっています。そのぐらい進路結果については毎年徹底して検証します。組織的に進路指導を行うことで、進路目標や進行状況が教員間で明確になります。その結果、教員同士で協力しあい、一丸となって進路指導に対応できるようになり、生徒1人ひとりへのきめ細かな対応を可能としているのです。

本校は、都立高校のなかでも先駆けてこうした進路指導部中心の組織的指導を導入しました。さらに、各学年、各教科でも組織的に指導を進め、学校全体で生徒の指導にあたっていきます」と語られました。

台湾との国際交流も開始 進化する八王子東の教育

八王子東では、勉強だけではなく、学校行事や部活動にも積極的にかかわりながら高校生活を充実させている、はつらつとした生徒たちの姿が見られます。

国際交流でも新たな取り組みが始

八王子東での学習

土曜特別講義

高1学習オリエンテーション

充実した教育内容がめだつ八王子東。入学後すぐに実施される学習オリエンテーションでは1日かけて高校での勉強について教わるなど、親身な指導も魅力です。

授業風景

理数イノベーション（JAXA訪問）

学校行事

しらかし祭（文化祭・装飾）

しらかし祭（文化祭・熱気球）

合唱祭

スポーツ大会

しらかし祭（文化祭・ステージ発表）

体育祭と文化祭からなるしらかし祭など、多彩な行事が高校生活を彩ります。自然科学部員や有志が中心となり打ち上げる熱気球は文化祭の名物です。

まっています。昨年、台湾の高雄高級中学と姉妹校の提携が結ばれ、隔年での相互交流を開始。今年3月には30名の生徒が研修旅行で台湾を訪問しました。3日間の研修ですが、参加者は約半年間、専門家による台湾語の事前学習を受けます。

教職員と生徒たちが一体となって夢の実現をめざす東京都立八王子東高等学校。インタビューの最後に、木下校長先生にメッセージをいただきました。

「今年の入学式で、私は生徒たちに『きみが乗る馬車を星につなげ』というアメリカの思想家・エマーソンの言葉を紹介しました。激動する世の中であっても、人がどう生きるかという理想形はそれほど変わるものではありません。目先のことに惑わされず、自分なりの理想をしっかりと描いて成長してほしいという願いを込めて贈った言葉です。

八王子東を受験する生徒さんも、このように自分の目的を持った方に来ていただきたいです。本校は授業内容も濃く、スピードも速いですから、ただ偏差値が合ったからという理由で志望したのでは、入学後厳しいと思います。勉強も部活動も行事も全力です。卒業生に高校生活の感想を聞くと、多くの生徒が『忙しかったけれど充実していた』と言います。ですから、『自分は将来こうやって生きていきたい』という理想形をしっかり持った子の方が、本校には適応しやすいと思います。

進学指導重点校のなかでも歴史の浅い本校は、まだまだチャレンジャーであると意識し、これからもっと進化していきたいと思います。」（木下先生）

School Data

所在地	東京都八王子市高倉町68-1
アクセス	JR八高線「北八王子駅」徒歩11分、JR中央線「豊田駅」・「八王子駅」・京王線「京王八王子駅」よりバス
生徒数	男子504名、女子452名
TEL	042-644-6996
URL	http://www.hachiojihigashi-h.metro.tokyo.jp/

3学期制　週5日制

月7時限　火～金6時限　土4時限（年20回）

50分授業（7・12月には70授業を実施）

1学年8クラス

1クラス約40名

2016年度（平成28年度）大学合格実績（　）内は既卒

大学名	合格者	大学名	合格者
国公立大学		私立大学	
北海道大	4(1)	早稲田大	63(33)
東北大	4(1)	慶應義塾大	24(18)
筑波大	4(1)	上智大	25(9)
お茶の水女子大	6(3)	東京理科大	58(36)
東京大	3(3)	青山学院大	43(11)
東京外大	9(4)	中央大	67(21)
東京学芸大	17(2)	法政大	45(20)
東京工大	7(4)	明治大	72(42)
東京農工大	20(8)	立教大	32(14)
一橋大	5(2)	国際基督教大	1(1)
首都大学東京	24(6)	学習院大	10(4)
横浜国立大	11(3)	北里大	9(3)
その他国公立大	53(19)	その他私立大	365(104)
計	167(57)	計	814(316)

グローバルリーダーを育てる

富士見丘高等学校

女子校

2010年（平成22年）に創立から70周年を迎えた女子教育の伝統校・富士見丘高等学校。2015年（平成27年）にSGH指定校となり、新しい時代を生きる、豊かな知性と教養を備えた女性の育成をさらに推し進めています。

文科省よりSGHに指定

富士見丘高等学校（以下、富士見丘）は、2015年（平成27年）に文部科学省よりSGH（スーパーグローバルハイスクール）に指定を受けました。

これは、将来国際的に活躍できるグローバルリーダーの育成に努める学校として、公に認められたことを意味しています。グローバルリーダーを育成するために、富士見丘では従来の学校の枠を打ち破る新たな学校生活をデザインしました。

それは、

①グローバルイシューの理解とその解決に向けた情熱の向上を目指す、国内外の大学との高大連携プログラムの開発

②生徒の主体的な学びを実現し、他者と協働して課題を解決する力を養う21世紀型教育（アクティブラーニング）の実践

③海外の人と英語で意見交換することに対する意欲と、コミュニケーション力を育てるグローバルスタディプログラムの推進

の3つより構成されています。

富士見丘のカリキュラムの特徴は、生徒1人ひとりの多様な進路に合わせた自由度の高い編成がなされていることです。時間割を組むにあたって、習熟度別授業・チームティーチング・合同授業など、各科目の特性に合わせてフレキシブルに授業スタイルを変えているのも特徴でしょう。

高2からは履修科目の約半分が選択科目となり、各自の目標や進路に応じた科目を選択し、オリジナルの時間割に沿って授業を受けるのです。

高大連携プログラム

SGH指定校の富士見丘が進めるプログラムの1つとして高大連携プログラムがあります。富士見丘の考える高大連携とは、単なる大学教授の出張授業ではなく、高校・大学それぞれが単独ではなしえないことを両者が連携することで、達成することを目標としています。

具体的には共同研究をしていくなかで、大学側は中高生のデータが得られ、中学高校側は大学生の研究方法やプレゼンテーション力を学ぶことができます。

今年度は慶應義塾大学院メディアデザイン研究科大川研究室とも連携を結び、高1生全員が受講する「サスティナビリティ基礎講座」において、年間全8回のアクティブラーニング型授業を実施しています。この授業ではファシリテーターとして参加する大学院生の半数が留学生で、高1生の各グループに英語でアドバイスをしてくれ、高校生には大いに刺激を与えてくれています。

高１慶應義塾大学院との高大連携プログラム

さらにこの講座では、富士見丘の教員による年間全12回の教科横断型の授業や、10月に1泊2日の釜石フィールドワークに出かけます。また、高2のアドバンストコースでは海外フィールドワーク（シンガポール・マレーシア・台湾）を実施し、訪問先の国の大学や高校で、各グループごとの研究内容をプレゼンテーションします。このようなプログラムを通して、思考力・判断力・表現力を磨き、世界に通用するグローバルリーダーを育てているのです。

シンガポールフィールドワーク・店員さんにインタビュー

新コース制の導入

世界の若者のなかで、自分の意見を発信するためには相応の英語力が求められます。富士見丘では英語4技能（読む・書く・聞く・話す）のレベルアップのために、TOEFL Juniorを取り入れました。

また、高校では新コース制を導入。グローバルコース（一般）とアドバンストコースAB（英語特進コース）に分けて募集します。大きな違いとしてはネイティブ教員の時間数が、グローバルコースで週2時間、アドバンストコースAで最大週4時間、アドバンストコースBは最大週7時間になります。

現在、ネイティブ教員が7人在籍し、その多くは専任講師なので、授業はもちろんのこと、朝早くから放課後まで特別講座や部活動においても生徒の指導にあたっています。

高校全生徒の約15～17％の割合で帰国生が存在しているのも、富士見丘の特徴です。そのなかには、日本語より英語の方が得意な生徒もおり、日常的にクラスで英語が飛び交っています。

さまざまな海外研修制度

授業で身につけた英語力を実践する場として、全員が参加する高2アメリカ修学旅行は姉妹校交流をメインプログラムとしています。生徒1人に姉妹校生徒が1人以上つき、いっしょに授業に出たり、ランチを食べたり、交歓会をしたりと英語漬けの1日を過ごします。

また、約3週間のホームステイを中心としたイギリス短期留学は44年前から実施されている歴史あるプログラムです。

午前中は語学研修、午後はさまざまなアクティビティが用意されており、昔お城だった建物を校舎として用いている姉妹校訪問は生徒たちにも大人気です。

イギリス・アメリカ・オーストラリアの姉妹校5校に年間約10名が選抜される3カ月・6カ月留学は、現地校の授業にそのまま出るので、英語力が必要とされます。生徒たちはこの留学へのモチベーションが高く、必死に英語力を高めようと努力しています。

この短期留学、3・6カ月留学に参加した生徒は全校生徒の3人に1人、富士見丘の生徒にとって海外留学は決して特別なものではないのです。さらにそれらの海外姉妹校から留学生が年間を通してやってきます。つまり、富士見丘のなかで海外交流ができるのです。

School Information

所在地　東京都渋谷区笹塚3-19-9
TEL　03-3376-1481
URL　http://www.fujimigaoka.ac.jp/
アクセス　京王線「笹塚駅」徒歩5分

学校説明会日程

●高等学校説明会

10月2日（日）　10：30～11：30
（文化祭　10：00～15：00）

10月30日（日）・11月23日（水祝）
両日とも13：00～14：00
（個別相談会・在校生との懇談会
14：00～15：00※要予約）

12月3日（土）　10：00～11：00
（入試問題傾向と対策　11：00～12：00、個別相談会　12：00～※要予約）

●冬休み個別相談会　※要予約

12月20日（火）・12月21日（水）
9：00～16：00

●帰国生対象学校説明会　※要予約

10月30日（日）・12月3日（土）
両日とも10：00～11：00

School Navi No.239　東京都　豊島区　男子校

本郷（ほんごう）高等学校

School Data

所在地	東京都豊島区駒込4-11-1
生徒数	男子のみ927名
TEL	03-3917-1456
URL	http://www.hongo.ed.jp/
アクセス	JR山手線・都営三田線「巣鴨駅」徒歩3分、JR山手線・地下鉄南北線「駒込駅」徒歩7分

社会のリーダーを育てる3つの教育方針

「個性を尊重した教育を通して国家有為の人材を育成する」を建学の精神とする本郷高等学校（以下、本郷）。その教育の柱は文武両道、自学自習、生活習慣の確立の3つです。

生徒の自主性を育む文武両道の実践

キャンパスは、東京都豊島区という都心に位置しながらも、広々としたグラウンドや柔・剣道場などの運動施設も充実しています。こうした恵まれた環境のなか、多くの生徒が文武両道に励んでいます。部活動の参加率は約85％。活動はどの部も最大週5日、1回3時間以内と決められており、生徒たちは限られた時間のなかで、いかに成果をあげるかをつねに考えて活動に取り組んでいます。そのため集中力や有効な時間の使い方が身につき、そうした力を勉強にも活かすことができるのです。

本郷では、1年次は共通履修で学び、2年次から「特進コース文科・理科」「進学コース文科」「進学コース理科」に分かれます。3年次も2年次と同様に3コース制ですが、選択科目を配置し、国公立大・私立大どちらの受験にも対応できるように配慮されています。また、特徴的なのは、学校独自の数学検定試験「本数検」があることです。質の高い授業、独自の検定試験などで生徒の学ぶ意欲を喚起し、能動的に学習する生徒を育てていきます。

また、自学自習を尊重する本郷では、多様な施設が整備されています。図書室や自習室はもちろん、本郷ならではの「ラーニング・コモンズ」もあります。「ラーニング・コモンズ」は大小の机が置かれ、友人と相談しながら勉強したり、ディスカッションをしたりと、多様な学習形態に対応することができるスペースです。1人で集中したいときは図書室や自習室、グループで学習したい場合は「ラーニング・コモンズ」と、そのときどきに合わせた自習環境が用意されているのが魅力です。

そして生活習慣の確立においては、生活記録表や手帳を用いて自己管理能力を高めるとともに、朝読書を行い、心を落ち着けてから授業に臨めるように工夫されています。

勉強、部活動に自主的に取り組みながら規則正しい生活習慣を身につけ、心身ともに成長できる本郷高等学校。これからも3つの教育方針を貫き、社会でリーダーとして活躍する人材を育てていくことでしょう。

School Navi No.240

東京都　豊島区　女子校

十文字（じゅうもんじ）高等学校

School Data

所在地	東京都豊島区北大塚1-10-33
生徒数	女子のみ978名
TEL	03-3918-0511
URL	http://js.jumonji-u.ac.jp/
アクセス	JR山手線「大塚駅」、JR山手線・都営三田線「巣鴨駅」、都電荒川線「大塚駅前駅」徒歩５分

心と身体を鍛え、社会に貢献できる女性へ

社会に役立つ女性を育てる十文字高等学校（以下、十文字）には、自彊（じきょう）不息（やまず）（つねに自分を鍛え続ける）の精神が根づいています。創立以来、毎朝行っている自彊（じきょう）術（じゅつ）体操も心身を鍛えるためのものです。２０１６年（平成28年）４月からは、21世紀社会に対応する力を育むべく、「Move onプロジェクト」と題した３つのプロジェクトが始まっています。

新プロジェクト始動で さらに前進する十文字

まず、基礎学力とグローバル社会で活躍する力を伸ばすための体制を整えました。目標の異なる３つのクラス（スーパー特選クラス、選抜クラス、進学クラス）それぞれで、生徒の適性に合った丁寧な指導をさらに充実させます。とくに英語教育を強化し、豊富な授業時間のもと、ネイティブ教員による英作文指導や英会話講座を実施。加えて、魅力的な３週間の海外研修（アメリカ・希望者対象）も用意されています。

２つ目に掲げるのは、アクティブラーニングとICT教育の推進です。十文字ではこれまで、「DDPプログラム」（D…ディスカッション、D…ディベート、P…プレゼンテーション）として、アクティブラーニングを積極的に導入してきました。今後はDDPを通して、21世紀社会で必要とされる「CCP」（C…コミュニケーション＝伝えるための力、C…コーディネート＝まとめる力、P…パートナーシップ＝理解しあう力）の養成にも注力していきます。また、能動的な学習姿勢を育むため、ICT機器を活用した授業も展開していきます。

３つ目は、理数教育環境をいっそう充実させていきます。近年、理系学部への進学者が増加傾向にあることをふまえて、より理系に興味を持つ生徒を増やそうと、科学のおもしろさを体感できる場「サイエンスパーク」を校内に新設しました。授業でも実験や観察を多く取り入れ、知的好奇心を刺激していきます。

生徒会活動やクラブ活動、学校行事なども活発に行われており、それらを通して、自立心、集中力、協調性、豊かな感性なども養われていきます。「優しくあれ、強くあれ、そして人と人をつなぐ人になれ」というキャッチフレーズのもと、未来を見据え、優しい心と社会を生き抜く強さを持ち合わせた女性を育成する十文字高等学校です。

神奈川県　公立　共学校

神奈川県立 厚木高等学校

ATSUGI HIGH SCHOOL

国際的な視点を育む 多彩な取り組みが魅力

創立115年の歴史を持つ神奈川県立厚木高等学校は、70分授業の利点を活かした質の高い授業を徹底しています。SSHでは独自科目「ヴェリタスⅠ・Ⅱ・Ⅲ」を設定し、特徴ある取り組みを展開。留学生の受け入れなど国際交流にも新たな取り組みが加わり、いま、注目が集まっています。

School Data

所在地	TEL
神奈川県厚木市戸室2-24-1	046-221-4078
アクセス	**生徒数**
小田急小田原線「本厚木駅」徒歩20分またはバス	男子598名、女子471名
	URL
	http://www.atsugi-h.pen-kanagawa.ed.jp/

- 2学期制
- 月曜6限、火～金曜5限
- 1時限70分
- 1学年9クラス
- 1クラス40名

佐藤 信行 校長先生

115年の歴史を誇る 丘の上にたたずむ伝統校

緑に囲まれた広々としたキャンパスの神奈川県立厚木高等学校（以下、厚木高）は、1902年（明治35年）に神奈川県第三中学校（男子校）として開校されました。1948年（昭和23年）の学制改革で男女共学化、現校名になり、今年で創立115年を迎えています。現在行われている神奈川県立高校改革のなかで、「学力向上進学重点校」のエントリー校になっています。

3つの剣がデザインされた校章は、「智、仁、勇」の三徳、そして、質実剛健の校風を表す「剛健、真剣、勤倹」が表現されています。学校の目標として掲げるのは、「国際社会でリーダーとして活躍できるグローバル人材の育成」です。

「論語の一節に、『知之者　不如好之者　好之者　不如楽之者』（これを知る者はこれを好む者に如かず　これを好む者はこれを楽しむ者に如かず）という言葉があります。すなわち、物事を知っているだけの人は、そのことを好きになっている人には敵わない。ただそのことを好きな人は、そのことを楽しんでいる人には敵わないという意味の言葉です。

生徒にはこれを日常生活と人生にに結びつけて、日常生活を好きになりなさい、でも好きになるだけじゃなくて楽しんでこそいい人生が送れるのですと伝えています」と佐藤信行校長先生は話されます。

1時限70分授業で アクティブラーニングも

厚木高では、授業時数確保のため2学期制を取り入れており、前期の中間考査は6月中旬に実施します。しかし、それでは新入生にとっては試験までの期間が長く、出題範囲が広くなってしまうので、数学と理科のみ5月にプレ中間考査をするという配慮がなされています。

授業時間は今年から1時限が70分になりました。時間割は前期、後期それぞれで2種類の時間割が1セットに組まれています。つまり、前期はA週とB週、後期はC週とD週の時間割を交互に実施していくのです。カリキュラムは2年次までが共通履修で、3年次に文系クラスと理系クラスに分かれます。

「70分授業は長さがちょうどいいと思います。本校の授業はグループ討議や発表、質疑応答など、意見を交わすケースが多いので、50分では時間が足りません。また、昨年からア

学校風景

クティブラーニングも推進しています。アクティブラーニングによる思考力、判断力、表現力、自己決定力を磨く授業を行うにも70分が適当だと考えています。」（佐藤校長先生）

夏期講習は夏休みをⅠ～Ⅳ期に分け、各期間で各学年向けの講座を用意しています。冬休みには冬期講習

自習室

授業

図書室

中庭

理科室のはく製

70分間で活気ある授業が展開されています。施設面のイチオシは昨年度完成した、個別ブース完備の自習室。理科室にはトキやワニ、アマミノクロウサギといった珍しい動物のはく製が並んでいます。

があり、平日には教員が自主的に補習や講習を開くこともあります。

全員が対象のＳＳＨ 国際交流も充実

厚木高の教員は、学習支援グループ、生活支援グループなどの運営組織に分かれて、さまざまな業務を行っています。そこに昨年からＳＳＨや国際交流関係業務を担う「グローバル教育推進グループ」を加え、よりいっそうこの2つの教育に力を入れることになりました。

生徒全員を対象とするＳＳＨは、探究活動を行う学校設定科目「ヴェリタスⅠ～Ⅲ」（ラテン語で「真理」の意味）が設置されています。1年次で学んだプレゼンテーションや課題研究の基本を活かして、2年次には課題研究に取り組みます。「年に2回、成果発表会があり、7月の中間発表会は日本語で発表し、3月の発表会は質疑応答も含め、すべて英語で発表するのが特徴です。

3年次は文理に分かれていくつかのテーマごとに活動していますが、今後はその活動をより充実させていきたいです。」（佐藤校長先生）

そのほかにも、大学や研究所と連携したり、異学年が交流しながら高度な学問を学ぶ「ＳＳセミナー（数学・理科）」もあります。とくに科学への興味が深い生徒は、「スーパーサイエンス研究室（ＳＳ研）」に所属し、西表島でのフィールドワークや科学に関する各種コンテストへ参加したり、全国のＳＳＨ校の発表会に出向いたりしています。

国際交流は、まず、昨年姉妹校になったアメリカのエレノア・ルーズベルト高校（ＥＲＨＳ）との交流があります。「ＳＳＨ海外研修」として、ＥＲＨＳを訪れ、「サイエンス・フェア」などのイベントで研究発表をします。今年の6月には、ＥＲＨＳの生徒が厚木高を訪問し「厚木サイエンス・フェア」も開催されました。

ＳＳＨ関連の国際交流は、台湾の高校とも行っています。厚木高生は台湾の高校で発表会を行い、台湾の高校生も来日して「神奈川国際サイエンスフォーラム」に参加しています。

希望者対象の「オーストラリア海外研修」は2週間の研修です。現地家庭でホームステイしながら午前は現地の語学学校に通い、午後はアクティビティーを楽しみます。

また、厚木高では昨年度から、留学生を積極的に受け入れ始めました。「今年度、計12名の留学生を受け入れています。短期の7名は全員アメリカから、長期はカナダ、オーストラ

学校行事

オリエンテーション合宿

修学旅行

戸陵祭（こりょうさい）（体育部門）

体育部門と文化部門からなる一大イベント・戸陵祭。体育部門は4つの団に分かれ、競技やダンスで競いあいます。文化部門のメインは各クラスの模擬店やアトラクション。中庭でのステージ発表も毎年盛りあがります。このほかにも球技大会や駅伝大会などさまざまな行事が行われています。

リア、イタリア、ドイツ、ノルウェーから来ています。多様な文化や人と出会い、本校で育った人たちが『多様性を認め、受け入れ、共に生きる』人間になってもらいたい。そこでまず、生徒に出会いの場を提供するのがスタートラインと考えています。

また、毎週月曜日の放課後には、希望者と留学生でディスカッションしたり、座間キャンプ内のユースセンターを訪れていっしょにスポーツを楽しんだりしています。さらには、日本の大学に来ている留学生に、SSHでのポスター作成やプレゼンテーションの指導に協力してもらうこともあります。」（佐藤校長先生）

海外を視野に入れた進路を考える生徒が増加

1年次から計画的な流れに沿って進められる進路指導。定期考査や全国模試などの結果をもとに、卒業生のデータも参考にしながら、志望校への対策が講じられています。

進路行事としては、各界で活躍する保護者による「『職業』を知る講演会」、研究者らを招いての「知の探究講座」、「卒業生による懇談会」や「大学模擬授業」、「医・歯・薬・看説明会」などを行っています。

また、アメリカの大学生や大学院生とともにグループ討議などを行う「エンパワーメントプログラム」（昨年スタート）の反響も大きく、「海外大学希望者説明会」も開催されるようになりました。

部活動も盛んな厚木高。卒業式では、勉強と部活動の両立を3年間やり遂げた優秀な生徒1人に「茅賞（かやしょう）」という賞が贈られます。

このように神奈川県立厚木高等学校では、次々と新たな取り組みを展開しています。佐藤校長先生は「今年入った1年生には、留学生を受け入れ始めたことで本校に興味を持った生徒も多くいます。SSHの実験などはうまくいかないことも多々ありますが、そんなときでも根気強く続けると新たな発見がありますから、何事も諦めない生徒さんに来てほしいです。そして入学したならば、本校での3年間を楽しんでもらいたいですね」と締めくくられました。

2016年度（平成28年度）大学合格実績 （）内は既卒

大学名	合格者	大学名	合格者
国公立大学		私立大学	
東北大	7(3)	早稲田大	83(12)
筑波大	4(1)	慶應義塾大	34(5)
千葉大	3(1)	上智大	37(1)
東京大	3(0)	東京理科大	39(14)
東京外大	1(0)	青山学院大	60(6)
東京学芸大	3(1)	中央大	100(14)
東京工業大	6(1)	法政大	77(22)
東京農工大	5(3)	明治大	148(31)
一橋大	5(2)	立教大	55(7)
横浜国立大	16(0)	学習院大	19(3)
首都大東京	18(0)	国際基督教大	2(1)
京都大	4(1)	北里大	17(2)
その他国公立大	26(8)	その他私立大	381(69)
計	101(21)	計	1052(187)

21世紀に世界で羽ばたくために、
真の学力を養う！

文理普通コース

生徒の個性を大切にし、文系・理系を問わずさまざまな進路が選択可能です。

目 標 大 学

工学院大学、国公立大学、私立大学

文理特進コース

国公立大学や難関私立大学を目指します。

目 標 大 学

国公立大学、難関私立大学、医歯薬獣医系大学

工学院チャレンジ　大学受験指導強化

KIゼミ	放課後に大手予備校よりプロ講師を学校に招いて、進学強化講座を開講。
FIゼミ	本校教員による基礎学力強化と大学入試対策までの学習指導を実施。
チューター自習室	放課後にはほぼ毎日、大学生チューターに気軽に相談できる自習室を開設。

学校説明会 会場:本校（予約制）

第1回	9月10日（土）	14:00～
第2回	10月22日（土）	14:00～
第3回	11月12日（土）	14:00～
第4回	11月26日（土）	14:00～
第5回	12月 3日（土）	14:00～

主な内容:学校・入試概要、校舎見学、個別相談

ご予約は本校ホームページより受け付けております。

夢工祭（文化祭）

9月24日（土）～25日（日）
10:00～15:00

※進学相談会あり

文理特進コース入試模擬体験（予約制）

11月19日（土）　14:00～

※文理特進コースミニ説明会（予約不要）　14:10～

5つの駅よりスクールバスを運行しています。

●新宿駅西口（工学院大学前）
●JR八王子駅南口
●京王線北野駅　●京王線南大沢駅
●JR・西武線拝島駅

工学院大附属高等学校
HIGH SCHOOL OF KOGAKUIN UNIVERSITY
〒192-8622 東京都八王子市中野町2647-2

TEL 042-628-4911
FAX 042-623-1376
http://www.js.kogakuin.ac.jp/junior/

教えてマナビー先生！

世界の先端技術

pick up!!

忍者マスク

▶マナビー先生 プロフィール

日本の某大学院を卒業後、海外で研究者として働いていたが、和食が恋しくなり帰国。しかし科学に関する本を読んでいると食事をすることすら忘れてしまうという、自他ともに認める“科学オタク”。

楽に呼吸をしながら海中散歩 マスク装着型のシュノーケル

暑い夏は過ぎてしまったけど、夏休みにはシュノーケルを使って、海のなかを眺めた人も多いのではないかな。

顔を水面につけたままで呼吸できるので、美しい海や、たわむれる魚たちを長く見ていることができるシュノーケルは便利な道具だね。

今回紹介するフルフェイスシュノーケルには、「H_2O Ninjya Mask」なんてすごい名前がついている新しいシュノーケルだ。日本語にすると「水中忍者マスク」とでもいうんだろうか。海外では「忍者」はとても不思議な存在で、並はずれた能力を持った超人と思われているから、このネーミングもなるほどと思われる機能を発揮するのが、この「忍者マスク」だ。

従来のシュノーケルは、簡単に言うと口にくわえる１本のホースだった。口にくわえていれば、ホースが水面より上に出ているので、呼吸ができる。でも、大昔からその機能が進化していない道具だったことも確かだ。

今回紹介する「忍者マスク」は、マスクとシュノーケルが一体になっている。いままでのシュノーケルと一番違っているのは、シュノーケルは口にくわえていたのに対し、「忍者マスク」は顔全体を覆うマスクがあり、呼吸はマスクのなかの空気を使って行うことだ。つまり、シュノーケルをくわえていなくていい。

これまでのシュノーケルは、水中に潜るとパイプのなかに水が入ってくることが多かった。また、潜って水面にあがったら、くわえている部分から息を強く吹いて、息の力で水を排出しなくてはならなかった。空気を吸う前には必ず息を吐き出すことが必要だったんだ。うまく息を吐き出すことができないと、水が残ってしまい、その水を飲んでむせることも多かった。「忍者マスク」は、水面にあがると自動的にパイプのなかの水が排出されるので、普通に呼吸をすればいいんだ。楽だね。一度使うと元のシュノーケルは使う気がしなくなると思う。もちろん息は口からでも鼻からでもできるので自然な形で呼吸ができる。「忍者マスク」を使った多くの人が、いままでのシュノーケルを使った潜水より長く潜ることができると言っているんだ。

マスクのなかの空気で呼吸を続けるので海のなかの作業も楽

さらに、マスクは顔全面をおおうようになっているので視界が広いのもいい。広く見渡せれば、海での安全性が向上する。視界をさえぎるものが少ないということは危険を素早く察知できるわけだからね。

来年の夏にはこの「忍者マスク」を使って潜ってみたいと思わないかい？

三田国際学園高等学校

MITA International School

School Information
〈共学校〉

Address
東京都世田谷区用賀2-16-1

TEL
03-3707-5676

Access
東急田園都市線「用賀駅」徒歩５分

URL
http://www.mita-is.ed.jp/

特徴的な施設・設備、教育プログラムのもとで学べるスーパーサイエンスコース

三田国際学園高等学校が設置している「本科コース」「スーパーサイエンスコース」「スーパーイングリッシュコース」という3つの特色あるコースのなかから、研究者としての素養を培う「スーパーサイエンスコース」をご紹介します。

三田国際学園高等学校（以下、三田国際）が考える「世界標準」の教育。「考える力」「英語」「サイエンスリテラシー」「コミュニケーション」「ICTリテラシー」という、これからの時代をたくましく生きぬいていくために必要なスキルを身につけるために、相互通行型授業をはじめとした特徴的な教育を行っています。

そんな三田国際は、「本科コース」（RC）、「スーパーサイエンスコース」（SSC）、「スーパーイングリッシュコース」（SEC）の3つのコースを設置しています。

週8～10時間の英語授業や海外留学、使える英語力の育成をめざしたさまざまな取り組みで、英語教育に注目が集まりがちな三田国際ですが、欠かせない5つの力の1つとして「サイエンスリテラシー」をあげていることからもわかるように、理数教育にも注力しています。

本科コースは希望進路に合わせ、高2から文系、理系に分かれて学ぶことができますが、もし、あなたが高校受験の志望校を探している時点で理系に強い興味を持っているのであれば、ぜひ三田国際のSSCを選択肢に入れてみてはいかがでしょうか。その理由は、優れた設備と特徴的な学習プログラムにあります。

大学レベルの設備・機材がそろった「サイエンスラボ」

三田国際には、大学の研究室レベルの設備や機材をそろえた2つの「サイエンスラボ」があります。とくに微生物の培養などの無菌操作を行うための施設で、遺伝子組み換えなどの高度な実験もできるカルチャーラボは、他校ではあまり見ることができないユニークな設備です。

また、電子黒板などのICT機器も導入されており、三田国際の授業に欠かせないタブレット端末と連携し、データの分析や実験の考察、発表などもよりスムーズに行うことができます。

SSCは、このサイエンスラボでの実験を重視した授業を展開するコースで、高2からは理科と数学の授業がそれぞれ週に10時間ずつ用意されています。1年次に生物・化学・物理の基礎知識と実験技術を身につけ、2年次からはより専門的な勉強を通して、科学的な論理思考能力を培っていきます。

授業のなかから、物事に対する疑問を持つところをスタートとし、その疑問に対して仮説を立て、実験を行います。その結果を考察し、議論やプレゼンをしていくという過程を高1からどんどん積み重ねていくことで、問題発見や思考、解決のための能力を養うことができます。

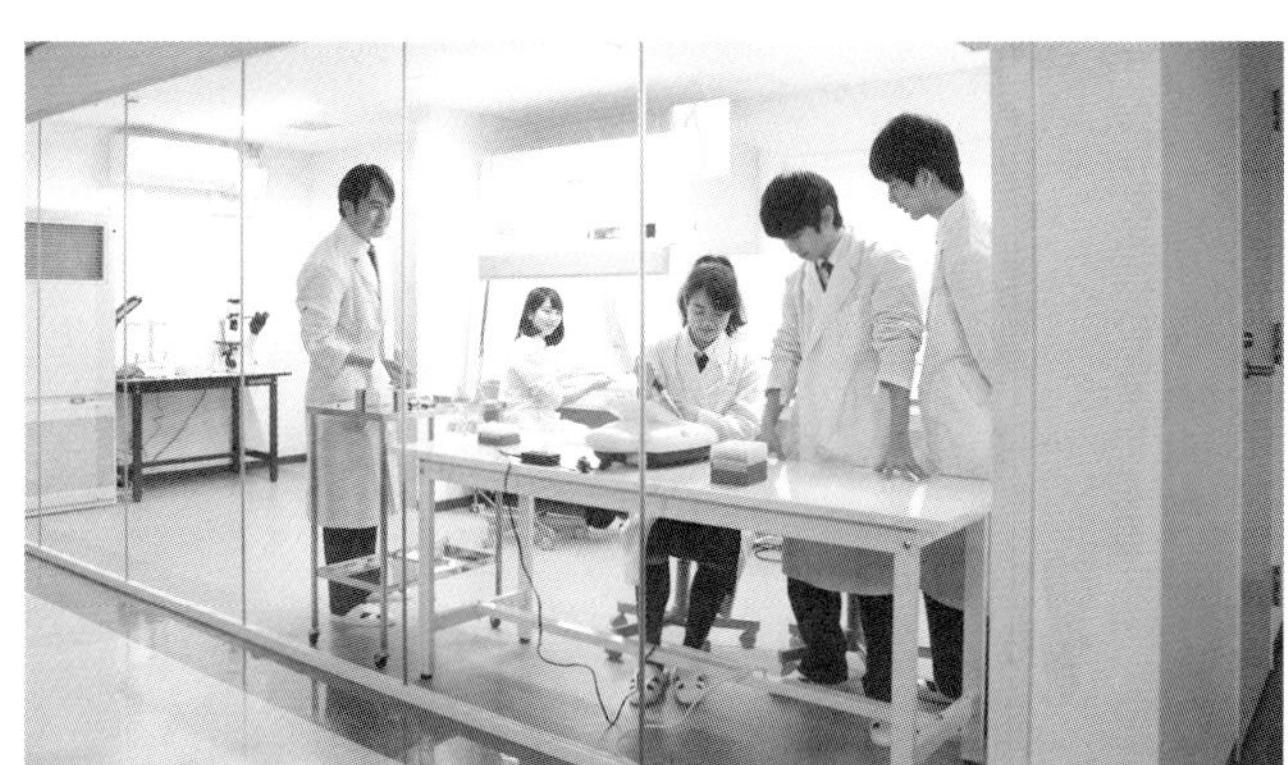
生徒の探究心に応える設備を備えたサイエンスラボ

高1からテーマを決めて研究を進める「基礎研究」

SSCの学習プログラムのなかで最も特徴的なのが、高校入学時からスタートする「基礎研究」です。生徒1人ひとりが研究テーマを選び、自身で研究を進めていくことで探究心が引き出されます。

まず、高1の4～6月に基礎研究に取り組んでいくにあたっての特別講座が開講されます。大学の教授など、さまざまな科学分野に携わる方々を招いての講演やワークショップ、さらに大学の研究室や企業を訪問することで、研究テーマを決めるための見聞を広めていきます。

多くの実験を通して科学的な思考能力を養います

そうして7月に研究テーマを決定し、8・9月に研究活動を行います。10月の学園祭で中間発表のプレゼンテーションがあり、それをふまえて11・12月に研究活動を深めていきます。高1の最終目標は、3月に開かれる「つくばScience Edge」という中高生のための科学コンテストのポスターセッションに出場することです。基礎研究は昨年度の1年生からスタートし、すでに今春のポスターセッションに4組が出場を果たすなど、しっかりとした成果が出ているところに、三田国際の理科教育のレベルの高さが表れているといっていいでしょう。

高2では、さらに研究活動を続け、秋の学園祭が最終プレゼンの場になります。その後の活動は任意で、もちろん「つくばScience Edge」などの理科系コンテストに出場することもできます。

「校名に『国際』とありますので、どうしても英語のイメージが強いのですが、『つくばScience Edge』以外の理科系のプレゼンテーションコンテストなどでも入賞を果たすなど、理科教育に力を入れていることを知っていただきたいですね。」（広報部・天野尚子さん）

「施設も学習プログラムも整っています。理科が好き、理科に興味があるという人は、どんどん興味を持って、本校に来てみてください。」（広報部長・今井誠先生）

SSCでもICTを活用しての相互通行型授業は欠かせません

このように、理数教育に強みを持つSSCですが、だからといって文系科目が軽視されるというようなことはありません。将来、研究の道に進むのであれば欠かせない英語は週に8時間、そして国語の授業時間数もきちんと確保されています。

また、普段の授業では、すっかりおなじみとなった相互通行型授業が展開されています。理科だけに限らず、さまざまな場面で教師からのトリガークエスチョン（問いの投げかけ）があり、つねに周りと話しあい、考え、まとめ、発表する、という循環のなかで、グローバル時代に必要な思考力や創造性、コミュニケーション力が涵養されています。

校名変更、共学化から2年目で、まだまだあらゆる部分でブラッシュアップがなされている三田国際学園高等学校のSSCは、今後さらに注目を集めていきそうです。

学校説明会・公開行事

学校説明会 ※要予約
10月 1日（土）10：00～
11月26日（土）10：00～

MITA International Festival（学園祭）
10月29日（土）10：00～
10月30日（日）10：00～

個別相談会
12月 3日（土）14：00～
12月 5日（月）14：00～
12月 6日（火）14：00～

この時期にチェックすべきは偏差値ではなく自分の得点

2学期が始まりましたね。夏休みのように、
ゆっくりじっくり受験勉強に取り組める時期は過ぎ、
いよいよ本格的な受験シーズンの幕開けとなります。
焦ったり、不安になったりする気持ちに負けることなく、
強い気持ちで臨むための心がけについてお話しします。

和田式教育的指導

偏差値はあくまでも相対評価にすぎない

受験への意識が高まるこの時期、受験生のみなさんは、積極的に模試を受けたり、志望校の過去問を解いたりしていることでしょう。

ということは、偏差値を目にする機会も増えてきます。模試を受け、結果が出るたびに一喜一憂してしまう人も少なくないでしょう。

しかし、強い気持ちを持って本格的な受験シーズンを乗りきるには、偏差値にこだわりすぎるのはよくありません。なぜなら、偏差値というのは、相対評価によるもの、すなわち、他者との比較により付される値だからです。周りの受験生が頑張って成績を上げようものなら、必然的に自分の偏差値が下がってしまうことが起こりえます。

また、この時期は文化祭や体育祭などの行事が多く、受験勉強が自分の計画通りに進まないこともあります。その都度、焦ったり不安になったりして立ち止まってしまうようでは、このシーズンは乗りきれません。

より重要なのは「合格まであと何点」

受験勉強というのは、日々前進しながら積み上げていくものです。よく、「オリンピックの開幕まであと何日」など、イベント開催までの残り日数をカウントダウンして表示することがありますね。その数字は日々減っていきます。同じように、受験においては、「合格ラインまであと何点」と考えます。よほど勉強をさぼらない限り、得点は積み上がっていくため、「あと何点」に入る数字は日々減っていくはずなのです。

仮に、合格最低ラインが350点の過去問を解いて、あるタイミングで280点取れたとします。そうすると、「合格ラインまであと70点」ということになりますね。その1カ月後、再び解いて295点取れたとしたら、「合格ラインまであと55点」です。この調子で取得すべき点数が減っていくのを見ると、一歩一歩合格ラインへと近づいていることが実感できます。そうすれば、心が折れること

和田秀樹

1960年大阪府生まれ。東京大学医学部卒、東京大学医学部附属病院精神神経科助手、アメリカのカールメニンガー精神医学校国際フェローを経て、現在は川崎幸病院精神科顧問、国際医療福祉大学大学院教授、緑鐵受験指導ゼミナール代表を務める。心理学を児童教育、受験教育に活用し、独自の理論と実践で知られる。著書には『和田式　勉強のやる気をつくる本』（学研教育出版）『中学生の正しい勉強法』（瀬谷出版）『［改訂新版］学校に頼らない和田式・中高一貫カリキュラム』（新評論）など多数。初監督作品の映画「受験のシンデレラ」がモナコ国際映画祭グランプリ受賞。

Hideki Wada

和田先生のお悩み解決アドバイス

QUESTION

テストや模試で終わった教科が気になり次の試験に集中できない

ANSWER

減点法から加点法へ発想を変えてみて

こうした悩みを解消するには、まず発想を変えていかなくてはなりません。「終わった教科が気になる」ということは、「あれができなかった、これができなかった」と、できなかったことばかりを考えているということ。つまり、物事を減点法で見ているのです。しかし、模試の点数というのは、減点法ではなく加点法で見るべきもの。「今回は何点取れた」というふうに、発想を転換させましょう。最終的に、その得点を増やしていくことで、合格に近づけるわけです。

また、「変えられないことを悩まない」というのも大事です。終わった教科、つまり過去をいくら悩んでも仕方ありません。これからなにができるのかを考えましょう。これは受験だけでなく、人生全般においていえることです。例えば、頭痛で悩んでいるなら、頭痛について考えるより、頭が痛くてもできることを考えた方がいい。受験勉強を通して自分の悩みのパターンを変えることができれば、人生においてもさまざまな場面で、その経験が役立てられるはずです。

なく、勉強を続けていけるでしょう。

自分の課題を見つけクリアしていこう

大切なのは、他者との比較による偏差値に振り回されることなく、自分自身の成績を着実に上げていくことです。「あと何点取れば合格ラインに手が届く」とわかっていれば、仮に文化祭や体育祭で受験勉強が中断されても、そこからリセットすることもできます。

また、「あと何点」を取るための課題をこなすことも大切です。あれもこれもと手を出すのではなく、「今日は英語の文法を完璧にしよう」「今日は社会の地理をもっと覚えよう」と、自分で課題を1つひとつクリアしていきます。

模試を受けたときは、偏差値ではなく、自分の得点と、できた問題・できなかった問題を見てください。そして、最後まで心折れることなく、前進し続けていきましょう。

桐朋（とうほう）女子（じょし）高等学校

自分の特長が輝く場所で だれもが全力投球できる学校

TOHO GIRLS' SENIOR HIGH SCHOOL

千葉 裕子　校長先生

来年度入試から高校の生徒募集枠を拡充する桐朋女子高等学校。勉強だけではなく、生徒会活動や学校行事にも全力投球するのが魅力の1つです。それが社会に出てからも役立つ能力を高め、仲間とのきずなを強くしていきます。

「人生に挑戦する女性として」。

今年度から、女性初の桐朋女子中学校・高等学校（以下、桐朋女子）校長に就任した千葉裕子先生は、そうした女性を育てたいと、この言葉を掲げました。

「『桐朋教育』とは『人間教育』です。桐朋女子はいつの時代も『人に教える』という学校ではなく、『人を育てる』学校なのです。先の見えにくいこれからの世の中においては、1人の女性が、というよりも1人の人が生きていくにあたって大事なことはなにかといえば、たくましくなにかに挑むエネルギーを持つこと、そしてここで築くことができる人間関係ではないかと思います。

桐朋女子というのは、『私はこれで頑張りたい』という思いをそのまま認めてくれる場所なのです。もちろんある程度やっていいこと、いけないことという枠組みはありますが、その枠があるからこそ、自分の可能性を広げるための工夫が生まれ、成長につながります。そうした経験を自分、もしくは仲間と積むことができる機会、場が、本校にはたくさん用意されています。とくに学校行事や委員会活動は活発です」

そう千葉校長先生が話される学校行事や委員会活動について、在校生のみなさんからお話を伺いました。

（左ページ上写真左から）
文化祭委員長：河原芽生さん
生徒会執行部執行長：高村深月さん
体育祭委員長：渡辺真由さん

―桐朋女子の学校行事、生徒会活動の特徴はどんなところですか？

高村さん：私はいわゆる「生徒会長」です。桐朋女子の生徒会活動は、ほかの委員会とのかかわりが多いですし、そこでお互いにとるコミュニケーションが密だと感じます。

河原さん：他校の文化祭に行ったときに、実行委員の数が全然違うなと思いました。桐朋女子の場合は70人以上いて、8つの小委員会にそれぞれが所属し、専門的に話しあいます。委員には中1も入っていて、彼女たちからも積極的に意見が出てきます。そういうときに発言しやすい雰囲気があるのもいいところです。

渡辺さん：私たちは桐朋女子の体育祭を「世界一の体育祭」と呼んでいて、それを作り上げるための委員の意識が毎年とても高いんです。企画・進行だけでなく、用具の準備や審判もすべて委員が先導して行います。全員が集中して全力で動いているのがすごいなと思います。

School Information

Address
東京都調布市若葉町1-41-1

TEL
03-3300-2111

アクセス
京王線「仙川駅」徒歩5分

URL
http://www.toho.ac.jp/chuko/

学校説明会
10月22日（土）13：30～15：10
11月12日（土）13：30～15：10

桐朋祭（文化祭）
9月24日（土）12：00～16：00
9月25日（日）9：00～16：00

—生徒会活動も行事も、話しあいが多かったり、意見を言いやすかったりするのはどうしてなのでしょうか。

高村さん：先生方が生徒の意見をしっかりと受け止めてくれて、やりたいことをやらせてくれるからではないでしょうか。私たちが自由に過ごせる環境を作ってくれている学校だからだと思います。

楽しそうに学校について話してくれた3人

河原さん：だからこそ、自分たちが動かないと文化祭ができないかもしれないという責任感がすごく生まれます。

渡辺さん：桐朋女子には「どうせだれかがやってくれる」というのはないなと感じています。そうではなくて「私がやろう」と思える空気。先輩方を見ていて、自分がやらないといけないんだなって。1人ひとりが大切なんだなと思います。

—そういった空気感というのは、元々の性格というよりも、桐朋女子で過ごすなかで培われていくものですか？

3人：はい！

—では、生徒会活動や学校行事も含めて、みなさんが思う桐朋女子のよさを教えてください。

高村さん：だれでも弱みや苦手な部分があると思います。でも、ふとしたときに、それを力に変えられるような、例えば文化祭だったり体育祭だったり、そういう場面があるのが魅力の1つです。

河原さん：個性豊かな色々な人がいるうえに、文化祭のような行事のときに、1つにまとまる機会もあります。そんなときにはお互いを尊敬・尊重しあいながら一丸になれる、熱くなれるということはほかの学校ではなかなかないのではないでしょうか。

渡辺さん：桐朋女子にいると、個性が磨かれていき、さらにその個性をみんなに見せられる場があるというところです。文化祭や体育祭以外でも、自分の得意分野があると、普段おとなしい子が大声でみんなを仕切ったりと、場面場面で個性を発揮しているのがいいところです。

高村さん：そして、私たちは高校からの入学生ではありませんが、高入生はどのクラスにもいます。見ていると、みんな1週間でなじんで、だれがそうなのかわからなくなります。桐朋女子生は、仲間を絶対に見捨てないので安心してください。

　このように、学校生活のどこかの場面で、自分のよさを磨いたり発揮したりすることができる桐朋女子。生徒会活動や学校行事、部活動に一生懸命に取り組んだ結果、得られたことが、社会に出てから役に立ったという卒業生も多いそうです。

　そんな桐朋女子は、高入生からでもしっかりと学力を伸ばせるカリキュラムが組まれています。高1でしっかりと基礎を固めたあと、高2からは、希望進路に合わせて自由度の高い時間割を自分で組むことができます。

　また、独自のDLP（デュアル・ランゲージ・プログラム）は、世界で通じる「論理的思考力」を育てるプログラムです。英語の時間を使って、論理的に相手に自分の意見を伝えることを訓練していきます。桐朋女子は、元来、自らの考えをはっきりと表に出しやすい雰囲気がある学校ですから、スタートしたばかりですが、すでにさまざまな場面で効果が見られるということです。

　そして、進路指導も充実。生徒と教員の距離が非常に近いこともあり、担任はもちろんですが、教員みんなが親身に相談に乗ってくれるという、全体での進路指導体制が整っています。

　そのため、単に大学の名前だけで選ぶのではなく、将来を見据えたうえでの進路選択をする生徒が多いのも桐朋女子の魅力です。

　来年度入試から高校の入学者募集枠が90名に拡充し、さらに多くの希望者を待っている桐朋女子高等学校。どんな人にも必ず仲間、居場所ができ、その夢をあと押ししてくれる環境があります。

駒込高等学校

330余年変わらぬ教育理念 —— 一隅を照らす人間教育

高等学校2つのスペシャルコース

理系先進コース 新設

理系のスペシャルコースです。専門の知識や技量の習得を早期から準備して進め、将来は特に難関国公立・私大の医学部などの難関学部への進学への夢を叶えるべく、理科系に強く、また関心の高い生徒に対して門戸を開くコースです。

国際教養コース

東京外国語大学・国際教養大学・国際基督教大学・早慶上智をはじめとする難関・有名大の国際教養・国際関係・外国語学部への進学を目標にしたコースです。また、海外の大学進学を志す生徒にも対応できるコースでもあります。

学校説明会日程 ※申し込み不要

10月15日(土)14:30～
説明会＋模擬授業(All English)、在校生体験談

11月12日(土)14:30～
説明会＋駒込の国際理解教育、在校生挨拶

12月 3日(土)14:30～
説明会＋3教科(国・数・英)直前対策

個別相談会

11月5日(土)・20日(日)・23日(祝水)・26日(土) 9:00～16:00

12月 3日(土) 9:00～10:30 ＊要申込

12月10日(土) 13:00～16:00

〒113-0022 東京都文京区千駄木5-6-25

駒込学園 検索

Tel 03-3828-4141 Fax 03-3822-6833 http://www.komagome.ed.jp

■東京メトロ千代田線「千駄木」駅下車 徒歩7分・東京メトロ南北線「本駒込」駅下車 徒歩5分
■都営三田線「白山」駅下車 徒歩7分 ■都営バス(草63)「駒込千駄木町」(駒込学園前)下車

※このページは45ページから読んでください。

Nancy : That will be exciting! Of course I will.
Maki : ④I'm sure cute clothes there.
(きっとそこでかわいい服を着たたくさんの若い女の子達を見ることができるでしょう。)

まず、問題文を日本語にしてみよう。
マキ「ナンシー、日本のなにに興味があるの？」
ナンシー「ええ、日本にはたくさんの伝統的なものがあるから、いつか京都や奈良に行きたいわ。でも、日本の若い子のファッション文化にも心ひかれるの」
マキ「ほんと？　私たちのファッションが好きだなんてすごく嬉しい。ところで、今度の日曜日に友だちと原宿に行くのだけど。いっしょに来ない？」
ナンシー「それ、すてきね！　もちろん行くわ」
マキ「きっとかわいい服の若い女の子をいっぱい見られるわよ」
くだけた日本語にしすぎたかな？　とにかく文意がわかればいい。
①は、in Japanは明記されているので、「たくさんの/伝統的なもの/があります」を英語で作文する。
たくさんの＝many (a lot of)
伝統的なもの＝traditional things
あります＝there are
「traditional＝伝統的な」以外は簡単だね。

正解	① there are many traditional things

②の「好きだ／と知って／とても嬉しいです」も、①と同じようにやってみよう。
好きだ=you like
と知って=know
とても嬉しいです＝I'm very glad
この３つを並べるだけだから、これまた簡単だ。
なお、knowをfindにしてもいいし、I'mはI amでもかまわない。

正解	② I'm very glad to know that you like

③も「予定です」をどうするかで迷わなければ、易しいだろう。
次の日曜日に＝next Sunday
友達と=with my friend (friends)
原宿に行く＝go to Harajuku　予定です＝I'm going to
この４つを連結すればいい。

正解	③ going to go to Harajuku with my friend

④の「(きっとそこでかわいい服を) 着た／たくさんの若い女の子達を／見ることができるでしょう」も同じやり方でいい。
着た＝dressed in (wearing)
たくさんの若い女の子達＝many young girls
見ることができるでしょう＝you'll see (you'll find)
これら３つをつなぐと正答ができあがる。

正解	④ you'll see many young girls dressed in

ここまで読んできて、「やっぱり英作文はムズい…」と思った人も少なくないだろう。

そのように感じた人は、これから、これまで以上に英語の文章をできるだけたくさん、as much as possible、読むことだ。

声に出して読みながら、「あ、英語ではこういう言い方をするんだ」「へぇー、この単語はこんな意味にもなるんだ」と思い続けていると、いつのまにか英語力が高まり、英作文問題も「たぶん、こうだろうな」と思って解答するとちゃんと正解だ、というふうになるだろう。

※このページは45ページから読んでください。

ここで、この文の骨組みを考えよう。「将棋の習得」と「自転車に乗れるようになる」のを比べると「時間がかかる」という文だから、あ、比較文だ、《A is ~er than B》だ、と気づくだろう。そうすると、

《Mastering *shogi* takes longer than learning》

という骨組みが決まる。

あとは残りのtoとhowだが、《how to V(動詞)》が〈やり方〉という意味だと知っていれば、

how to ride＝乗り方

↓

how to ride a bicycle ＝自転車の乗り方

↓

learning how to ride a bicycle ＝自転車の乗り方の習得

と整理できるだろう。

完成した英文は、

Mastering shogi (takes) (longer)[A] (than) (learning) (how)[B] (to) (riding) a bicycle.

となる。念のために言うが、learnは〈習い覚える〉〈身につけて、できるようになる〉という意味だよ。

正解	1. A＝キ　B＝カ

2も1と同じように（　　）以外の部分を日本語にすると、（　　）（　　）（　C　）（　　）（　　）（　D　）（　　）（　　）（　　）勉強のためにアメリカにとなる。

残りの「彼女が」「して半年になる」をア～ケで表現するわけだ。わかりやすい語（句）をあげると、

she＝彼女　went＝行った　half a year＝半年

残りのit to has since beenの5語で、「～して～になる」の意味になるように並べるわけだが、ここで頭にひらめかないだろうか。

そう、《it has been ～ since …》は、〈…以来～になる〉という決まり文句だ。

it has been half a year＝半年になる

↓

it has been half a year since she went

＝彼女が行って以来半年になる

完成した英文は、

(It) (has) (been)[C] (half) (a year) (since)[D] (she) (went) (to) the U.S. for study.

正解	2. C＝ケ　D＝ク

3は、1や2と違って全部が空所だが、ひるまずにまずわかる語（句）をあげていこう。

hot coffee＝ホットコーヒー　buy＝買う　was＝だった　wanted＝したいと思った　the only thing＝ただ1つのもの　I＝私

thatは色々な意味（使い方）があるのであと回しにして、上の語句を整理しよう。

I wanted to buy＝私は買いたかった

the only thing was hot coffee

＝ただ1つのものはホットコーヒーだった

この2つを組みあわせるために用いるのがthat〈関係代名詞〉だね。

the only thing that I wanted to buy

＝私が買いたかったただ1つのもの

完成した英文は、

(The only thing)[E] (that) (I) (wanted) (to) (buy) (was)[F] (hot coffee) .

正解	3. E＝オ　F＝ウ

さて、次は第2段階だ。

用いる単語は指定されずに、自分の知っている単語で作文しなければならない問題だ。成城学園の出題例に取り組もう。

アメリカの高校生Nancyは日本の高校生Makiの家でホームステイを始めました。

MakiとNancyが会話をしています。下線部①～④がそれぞれ（　　）内の日本文の意味になるように英文を完成しなさい。

Maki：What are you interested in about Japan, Nancy?

Nancy：Well, ①____________ in Japan, so I'd like to visit Kyoto and Nara someday.
（日本にはたくさんの伝統的なものがあります。）
But I'm also interested in fashion culture of young Japanese girls.

Maki：Really? ②____________ our fashion.
（私たちのファッションが好きだと知ってとても嬉しいです。）
By the way, ③I'm ____________ next Sunday. Would you like to go with us?
（次の日曜日に友達と原宿に行く予定です。）

英語 【百拾八の巻】不得意頻出問題3

今号は、「不得意頻出問題」シリーズの最後で英語を取り上げる。英語が苦手の人はもちろん、それなりに得点できる人でも敬遠しがちなのが英作文だろう。

言葉の能力には4技能といって、「聞く・話す・読む・書く」の4つが必要とされている。母語（生まれ育つ地域で話されていて、自然に身につく言葉）なら、なんの苦労もなく最低限の四技能が向上する。

けれども、母語以外となるとそうはいかない。例えば、（この原稿を書いているのはたまたま8月15日なのだが）第2次世界大戦で敗北して以降、日本の中学校では英語を学ぶことになった。英語は外国語だから、とにかく「読む」ことができるようになろうとして、中学校から大学にいたるまで「読む」問題＝読解問題ばかりが出題された。

そういう傾向はいまでも続いているものの、やはり少しは反省されて、ほかの能力を試す問題も増えてきた。「聞く」「話す」を訓練すれば、比較的に上達が速い。だが、「書く」のはそうはいかない。

第一、日本語だって毎日「聞く」「話す」「読む」は行っているから、困ることはほとんどないだろうが、「書く」はどうだろう。作文の宿題をあっさり片づけられた人は少ないはずだ。まして、英作文が簡単にできるはずがない。

みんなが不得意ならば、自分はそれを得意にしよう。いや、得意とまではいかなくても、少しでも作文力を高めよう――と考えるのが、前向きな受験生というものだよね。

それに、じつは中学生は英作文が苦手だと知っているから、高校の先生たちもそれほど難しい英作文問題は出さない。恐れることはないのだ。さあ、始めよう！

英作文問題の第一段階は、あらかじめ単語が示されていて、それらを順番に並べて英文にするというレベルの問題だ。まず、中大杉並の出題例（一部省略）だ。

日本語の意味を表す英文になるように下の語（句）を並べ替え，(A) ～ (H) に入る語（句）の記号を答えなさい。ただし，文頭に来る語（句）も小文字で書かれています。

1. 将棋を習得するのは，自転車に乗れるようになるより時間がかかります。

 Mastering *shogi* (　　　) (　A　) (　　　) (　　　) (　B　) (　　　) (　　　) a bicycle.

 ア. ride　イ. learning　ウ. to　エ. than
 オ. takes　カ. how　キ. longer

2. 彼女がアメリカに留学して半年になる。

 (　　　) (　　　) (　C　) (　　　) (　　　) (　D　) (　　　) (　　　) (　　　) the U.S. for study.

 ア. she　イ. it　ウ. went　エ. a year
 オ. half　カ. to　キ. has　ク. since
 ケ. been

3. 私が買いたかった唯一のものは，ホットコーヒーでした。

 (　E　) (　　　) (　　　) (　　　) (　　　) (　　　) (　F　) (　　　).

 ア. hot coffee　イ. buy　ウ. was
 エ. wanted　オ. the only thing　カ. I
 キ. to　ク. that

1の（　　　）以外の部分を日本語にすると、

将棋を習得するのは、(　　　) (　A　) (　　　) (　　　) (　B　) (　　　) (　　　) 自転車に。

となる。だから（　　　）の部分は、「乗れるようになるより時間がかかります」だ。

ア～キを対応させると、わかるのは次の2つだろう。

ride＝乗る　takes longer than＝より時間がかかる

残りの単語は3語だ。

learning to how

グローバルリーダーを育成する3年間

文京学院大学女子高等学校

東京の私立女子校として唯一スーパーサイエンスハイスクール（SSH）に指定されている文京学院大学女子高等学校。
2015年度（平成27年度）からはスーパーグローバルハイスクール（SGH）アソシエイトにも指定されました。
文京学院大女子のグローバルな学びをご紹介します。

個性を活かす 3つのコース

文京区本駒込、六義園に隣接する落ち着いた環境にキャンパスを持つ、文京学院大学女子高等学校（以下、文京学院）。２０１２年度（平成24年度）に文科省よりスーパーサイエンスハイスクール（ＳＳＨ）に、さらに２０１５年度（平成27年度）にはスーパーグローバルハイスクール（ＳＧＨ）アソシエイトに指定され、特色ある教育内容が注目されている学校です。

文京学院は、２０１５年度（平成27年度）からコース制度を一新。国際感覚を育む「国際教養（Global Studies）」、理数教育により女性サイエンティストの育成をめざす「理数キャリア（Science）」、スポーツ科学を学ぶ「スポーツ科学（Sports Science）」の３つのコースが新設されました。広報企画主任の床爪克至先生は、「本校の生徒には、オリジナリティにこそ価値がある、という言葉を意識してほしいと思います。個性を活かし、自分にしかできないことを見つけて磨き、将来社会でグローバル人材として貢献できる人物として育ってほしいと願っています」と新しいコース制の意義について話されました。

そんな文京学院の教育を語るうえで外せない、ＳＳＨとＳＧＨの取り組みについてご紹介します。

ＳＳＨ

東京大学・東京理科大学をはじめとした大学との連携教育や、タイの連携校とのサイエンス交流、放課後に数学の通年講座を実施する科学塾、探究活動に参加するＳＳクラブなどが行われています。カリキュラムでは、高１の自由選択科目として「グローバル環境科学」という授業を設定。科学者でもあるカナダ人のアラン・ニズベット先生が英語で科学を教えるという授業内容は、国際性をそなえた研究者の育成をめざす文京学院ならではの授業です。

ＳＧＨ

各コースでＳＧＨ学校設定科目が用意され、カリキュラムに組み込まれています。また、国際教養コースでは、グローバルスタディーズセミナーという夏期講習とキャリア教育を合わせたプログラムを実施。夏休み中に4日間の日程で行われ、午前中は授業を行い、午後は特別講演の実施や、外務省や読売新聞東京本社などでのアクティビティが用意されています。

このほかにも、特色ある取り組みが多数実施されています。左のページでは、その一部をご紹介しました。自分の得意分野を伸ばし、将来のキャリアへつなげていく文京学院です。

文京学院大女子の特色ある取り組み例

放課後の特別英語講座「国際塾」

授業の補習ではなく、グローバル社会において通用する英語運用能力を身につける場です。ネイティブ講師による多彩な講座をはじめ、英検やGTEC、TOEICなどの検定対策講座もあります。1人ひとりのレベルと目的に合わせて講座を選ぶことができる点が魅力です。身につけたい英語力を3年間でじっくり習得してください。

タイの連携校との国際交流

タイのプリンセス・チュラポーン・サイエンスハイスクールの1つであるペッチャブリー校との教育連携により、2014年(平成26年)から、毎年10名以上の生徒が相互訪問しています。英語で研究成果を発表し、現地の寄宿舎に泊まって、生活をともにすることで、グローバルなステージを体験することができます。

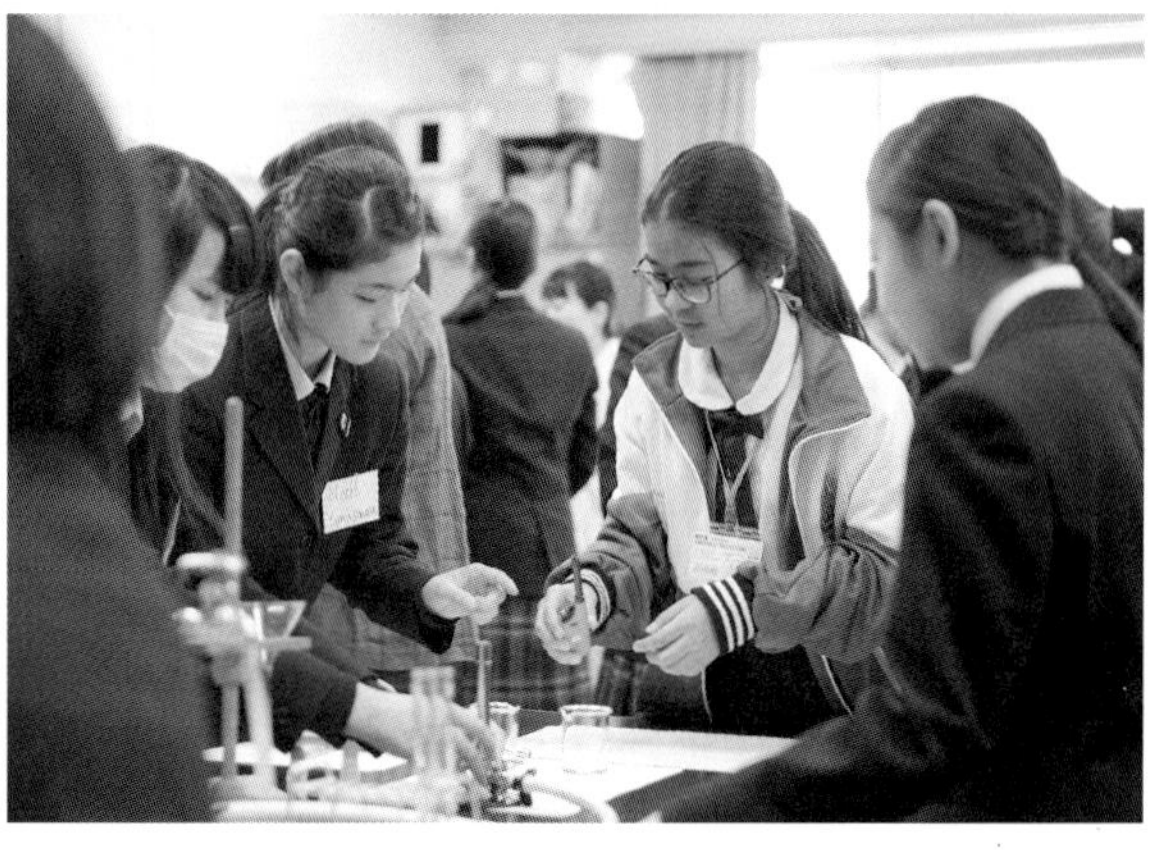

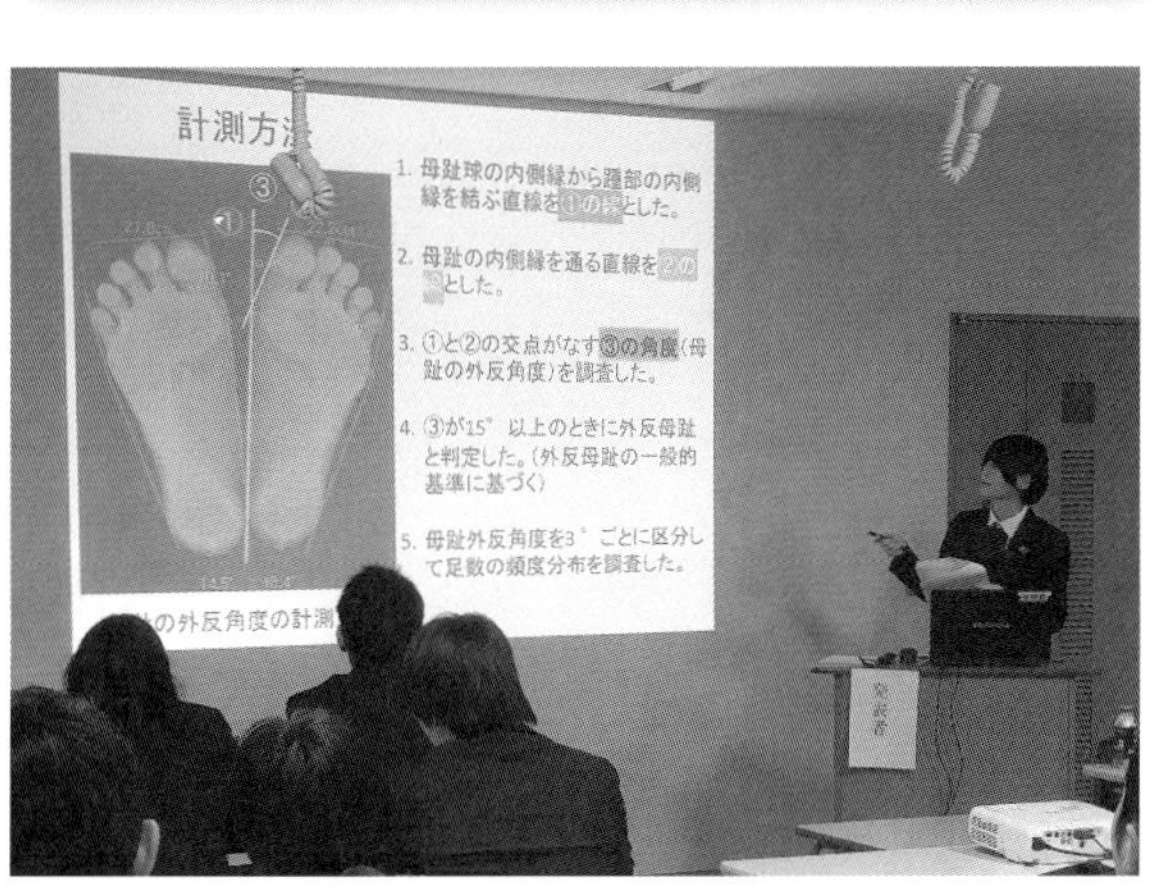

人類働態学会地方会で優秀発表賞を受賞

SSクラブでの探究活動の成果を、積極的にコンテストなどを通して発表し、多くの成果を残しています。2015年(平成27年)12月には、外反母趾を研究しているグループが、横浜で開催された「人類働態学会地方会」に参加。一般の研究者にまじって、「女子高生における外反母趾(がいはんぼし)について」の発表を行い、優秀発表賞を受賞しました。

【School Information】

文京学院大学女子高等学校

所在地 東京都文京区本駒込6-18-3

アクセス JR山手線・地下鉄南北線「駒込駅」、JR山手線・都営三田線「巣鴨駅」徒歩5分

TEL 03-3946-5301　URL http://www.hs.bgu.ac.jp/

【説明会情報】

文女祭(文化祭)
- 9月24日(土) 10:00～15:00
- 9月25日(日) 10:00～15:00

部活体験ウィーク
- 10月3日(月) ～ 8日(土) 16:40～【要予約】

※詳細はホームページでご確認願います

授業が見られる説明会
- 10月15日(土) 10:00～【要予約】
- 11月19日(土) 10:00～【要予約】

学校説明会
- 10月29日(土) 14:30～16:30
- 11月 4日(金) 18:30～20:00
- 12月 3日(土) 14:30～16:30
- 12月 9日(金) 18:30～20:00

入試解説
- 11月 6日(日) 午前の部10:00～12:00 / 午後の部14:30～16:30
- 11月23日(水)(祝) 午前の部10:00～12:00 / 午後の部14:30～16:30

個別相談会
- 12月17日(土) 10:00～16:30
- 12月18日(日) 10:00～16:30
- 12月24日(土) 10:00～16:30
- 12月25日(日) 10:00～16:30

※個別相談のみの場合は要予約

国語

東大入試突破への現国の習慣

田中コモンの今月の一言！

周りの評価を気にし過ぎない。自分の価値は自分だけのもの！

たなか　としかね
田中 利周先生

早稲田アカデミー教務企画顧問

東京大学文学部卒。東京大学大学院人文科学研究科修士課程修了。文教委員会委員。現国や日本史などの受験参考書の著作も多数。

グレーゾーンに照準！今月のオトナの言い回し「サクセサー」

この夏は皆さんもオリンピック観戦に熱中したことでしょう。受験勉強で忙しい三年生でも、ついついテレビをつけて応援してしまい、寝不足を悔やんだのではないでしょうか？　後悔してもはじまりません（笑）。しっかりと気持ちを切り替えて、リフレッシュして二学期をスタートさせましょう。選手の皆さんから「元気をもらった！」と前向きに考えることです。プレーに集中する選手たちの姿を見て、こちらも身が引き締まるような思いがしましたよね。

「現国の習慣」の連載が始まってから、今回のリオで三度目のオリンピックとなります！　二〇〇八年の北京オリンピックの際には「一意専心」という言葉を取り上げました。皆さんはまだ小学生になるかならないか、というタイミングですよね。意味はお分かりでしょうか？「一意」は一途に一つのことに心を注ぐこと、「専心」は心を一つのことに集中すること。「他に心を向けず、ひたすら一つのことに集中すること」という意味になります。この言葉を当時誰が口にしたかというと、皆さんには「なんも言えねぇ…」の発言で有名な選手、北京で堂々の金メダル二連覇を成し遂げた水泳の北島康介選手でした。『一意専心』の言葉通り、ただひたすらに一つのことに集中して頑張りたい」と決意を語り、見事に実現してみせたのでした。

続いて二〇一二年のロンドンオリンピックの際に取り上げたのは「世代交代」という言葉でした。残念ながら三連覇は達成できませんでしたが、「悔いはない」という言葉を残した北島選手は、さわやかな世代交代を印象づけたのでした。北島選手が日本の競泳界に残してくれたレガシー（遺産）は、とても大きかったのです。プライドを持って世界と戦う覚悟というものを身をもって示してくれたからでした。それまでにも水泳のスター選手はいました。現スポーツ庁長官である鈴木大地選手や、皆さんと同じ中学生でメダルを獲得した岩崎恭子選手といった金メダリストたちです。しかしながら、日本人選手が世界記録を出したことは三十年間なかったのです。世界記録で金メダルを獲得するという北島選手の出現は、他の選手たちに決定的な影響を与えたのでした。世界大会で戦う日本の選手たちが、こぞって世界記録を目標に掲げるようになり、選手たちの口から「目標を高くしないと、練習も頑張れない」といった言葉が聞かれるようになったのでした。これこそがレガシーです。これからも競

泳日本の後継者たちにその精神は受け継がれていくことでしょう。

ちなみに「後継者」を英語では「サクセサーsuccessor」と言います。この月刊誌は『サクセス15』ですが、successの動詞形がsucceed。これには「成功する」という意味のほかに、「あとを継ぐ、後任になる」という意味もあるのですよ。皆さんも「本気でやる」の早稲アカ精神のサクセサーとして、ぜひサクセスをおさめてくださいね！

そして今年のリオ五輪。競泳男子八〇〇メートルリレーでは、日本代表（松田丈志、小堀勇氣、萩野公介、江原騎士）選手が銅メダルを獲得しました。同種目五十二年ぶりのメダルという快挙に日本中が沸きましたが、チームの中で合言葉になっていた「手ぶらでは帰さない」という言葉も話題となっていましたね。この言葉は、松田選手が前回のロンドン五輪で男子四〇〇メートルメドレーリレーに出場した際に、個人種目の男子平泳ぎでメダルを逃しメドレーリレーに懸けていた北島康介選手のために当時のチームメイトにかけた言葉でした。「康介さんを手ぶらで帰らせるわけにはいかない」。松田選手の言葉通り、日本代表は見事銀メダルを獲得しました。四年前の松田選手の熱のこもったインタビューは、皆さんの記憶にも残っているのではないでしょうか。

そして、松田選手はチーム最年長の三十二歳となって今大会に参加しました。自身にとって四度目の五輪となりましたが、個人種目の男子二〇〇メートルバタフライでは出場を逃し、八〇〇メートルリレーのみのエントリーとなっていたのでした。松田選手のために、今回は後輩たちが「（丈志さんを）手ぶらでは帰さないぞ」と意気込み、気迫のレースを展開しました。そして最終泳者の松田選手へバトンを繋ぎ、見事銅メダルを獲得したのでした。

レガシーは間違いなく、サクセサーへと受け継がれていっています。東京オリンピックが楽しみですね！

慇・懃・無・礼?!
今月のオトナの四字熟語「賞味期限」

今さらではありますが、リオ五輪での競技を見ていると、世界のトップレベルで勝つというのはどれほど大変なことなのか！　ということを思い知らされます。男子200メートル背泳ぎの決勝が行われ、ロンドン五輪同種目銀メダルの入江陵介選手が出場しましたが、残念ながら八位に終わりました。プールから上がった入江選手は「悔しいの一言」と無念の表情を浮かべていました。「持てる力を出しきったことは出しきった」と語りながらも、銀メダルを獲得したロンドン五輪からの四年間を「すごく苦しかったし、辛いことも多かった。正直、自分は賞味期限が切れた人間なのかなと思ったりした」と振り返ったのでした。

体力の限界と戦い続けるアスリートたちですので、自分のベストパフォーマンスを発揮できるタイミングというものも、常に意識していることでしょう。年齢的に「もう無理なのではないか？」と自問自答することも、何度も何度もあるのだと思います。入江選手のいう「賞味期限」という言葉の意味も、我われには計り知ることのできない重みがあるのだと思います。ネガティブな発言に苦言を呈していた関係者もいましたが、自虐的だからダメだというそんな単純なものではないと思います。

筆者にとっては、こうした思うような結果を出せなかった選手たちの姿というのは、同じく結果を出せなかった「教え子」たちの姿と、どうしてもオーバーラップして見えてしまうのでした。けれども合格者インタビューはあっても不合格者インタビューなるものは存在しません。東大の合格発表を映し出すテレビカメラに「やりましたー！」とコメントしている教え子の姿を発見したこともある筆者ですが、そんなテレビのワイドショーでも「不合格の原因はなんだと思いますか？」などといってレポーターが受験生をつかまえているシーンが流されることはありません。そう考えると、狙っていたメダルを取れなかった選手に対して、「今のお気持ちは？」と問い詰める報道機関の姿勢は、考え直してもいいのかもしれませんよね。

賞味期限というのは、商品を購入した消費者への配慮から設定されたものです。誰のためのオリンピックなのか？　という問いかけに対して、入江選手ならおそらく「応援してくださった皆さんのため」と答えることでしょう。その「皆さん」の期待に応えようという気持ちが強すぎて、自分自身をまるで「商品」のように思い込んでしまうのでは切なすぎます。誰のためでもない、自分のために力を発揮できるように、選手の立場を思いやるサポーターの意識改革も必要ではないかと思います。「皆さんへの感謝」を口にしてくれる選手たちの気持ちに寄り添うことを心がけたいと思うのです。そして懸命に戦っている選手には、自分の価値は自分にしか決められないということを、心にとめてくれればと思います。

皆さんも周りの期待をプレッシャーに感じずに、自分の力にかえられるように、何よりも自分自身のために学習に取り組んでほしいと、心から思います。

(2) 右下の図2のように，AB=3, AC=5, ∠B=2∠Cの △ABCがある。辺BCの長さを求めよ。　(巣鴨)

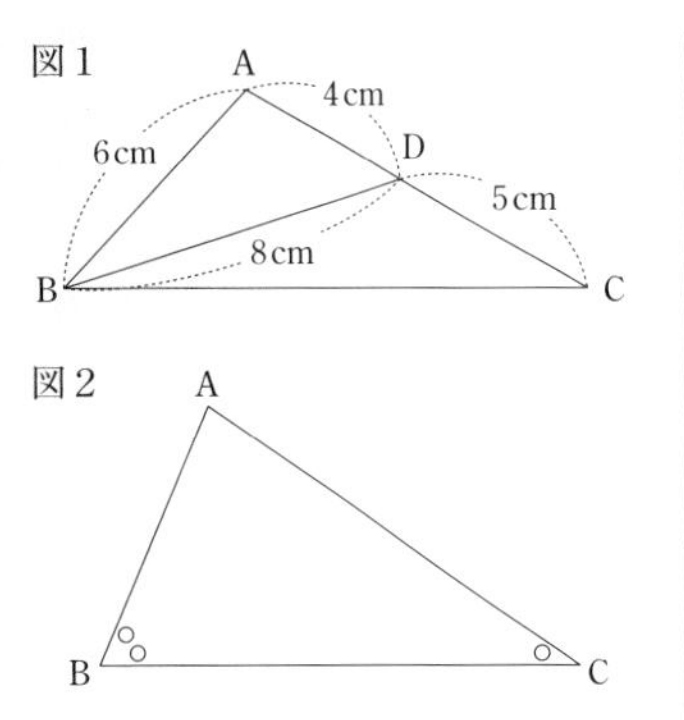

<考え方>

(2) ∠Bの二等分線を引くと、△ABCと相似な三角形が現れます。

<解き方>

(1) △ABDと△ACBにおいて、
仮定より、AB：AC=6：9=2：3
AD：AB=4：6=2：3
よって、AB：AC=AD：AB
また、∠BAD=∠CAB(共通)
2組の辺の比とその間の角がそれぞれ等しいから、
△ABD∽△ACB
対応する辺だから、DB：BC=2：3
よって、$BC=DB\times\frac{3}{2}=8\times\frac{3}{2}=$**12(cm)**

(2) ∠Bの二等分線と辺ACとの交点をDとする。
△ABDと △ACBにおいて、

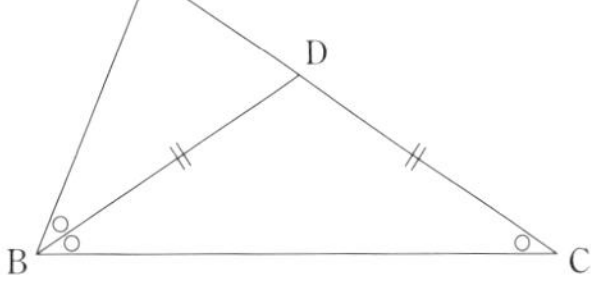

∠ABD=∠ACB($=\frac{1}{2}$∠ABC)
∠BAD=∠CAB(共通)
2組の角がそれぞれ等しいから、△ABD∽△ACB
これより、AB：AC=AD：AB
よって、AD=xとおくと、3：5=x：3
これを解いて、AD=$x=\frac{9}{5}$
また、∠DBC=∠DCB($=\frac{1}{2}$∠ABC) より、△DBCは二等辺三角形
よって、$DB=DC=5-\frac{9}{5}=\frac{16}{5}$
したがって、BC=yとおくと、
AB：AC=DB：BCより、
$3:5=\frac{16}{5}:y$
これを解いて、BC=$y=$**$\frac{16}{3}$**

最後は、三角形の線分の長さの比と面積の比に関する問題です。

問題3

右の図で，四角形ABCDは平行四辺形であり，BA：AE=4：1，AG：GD=2：1である。このとき，平行四辺形ABCDと三角形CFHの面積の比を，最も簡単な整数の比で表しなさい。　(法政大高)

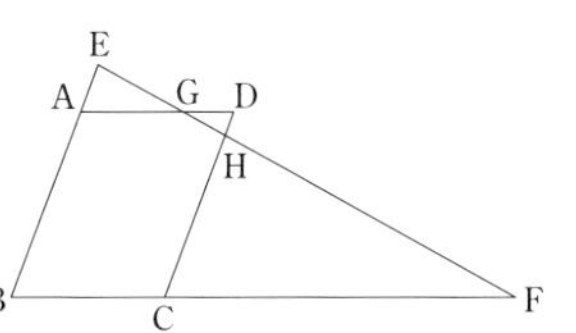

<考え方>

高さの等しい三角形の面積は、底辺の長さに比例することを利用しましょう。

<解き方>

BE//CDより、2組の角がそれぞれ等しいから、
△AGE∽△DGH∽△CFH
よって、AE：DH=AG：DG=2：1
また、BA：AE=4：1
これより、BA：DH=8：1
よって、BA=CDより、DH：CH=1：(8−1)=1：7
したがって、
$\triangle DGH:\triangle CFH=1^2:7^2=1:49$　……①

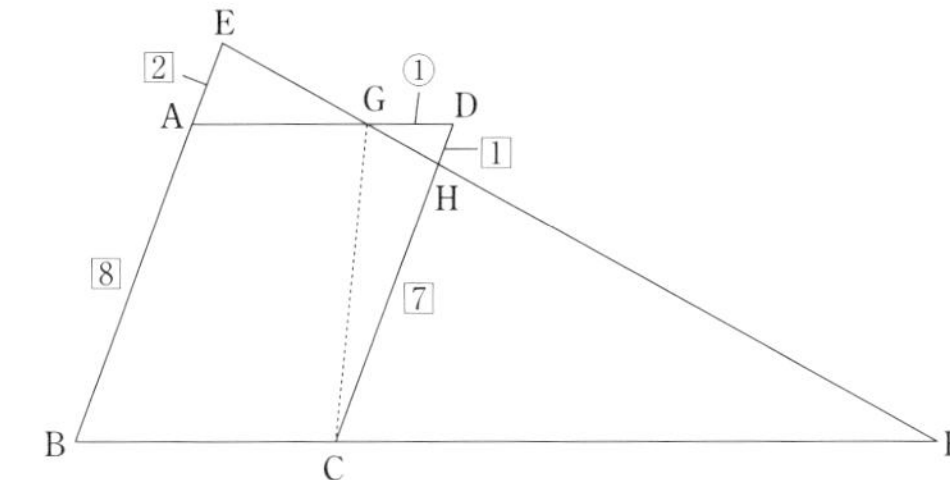

ここで、平行四辺形ABCDの面積をSとすると、
$\triangle DGC=\triangle DAC\times\frac{GD}{AD}=\frac{1}{2}S\times\frac{1}{3}=\frac{1}{6}S$
これより、$\triangle DGH=\triangle DGC\times\frac{DH}{CD}=\frac{1}{6}S\times\frac{1}{8}=\frac{1}{48}S$
よって、①より$\triangle CFH=\frac{1}{48}S\times49=\frac{49}{48}S$
したがって、平行四辺形ABCD：三角形CFH=
$S:\frac{49}{48}S=$**48：49**

問題3で出てきたように、面積の比と線分の長さの比の関係を使って解答するためには、比を扱えるようにする必要があります。さらに、相似の利用は、このあと学習する三平方の定理とともに、線分の長さや図形の面積や体積を求めていくときに欠かせない考え方です。さらに、円や関数との融合問題も多く出題されます。ですから、まず基本をきちんと固めたうえで、たくさん問題を解くことで解法のパターンを知ることを意識しましょう。

数学

楽しみmath 数学！DX

図形の相似問題は
まず基礎を固めたうえで
多くの問題にあたること

登木 隆司先生

早稲田アカデミー　城北ブロック ブロック長
兼 池袋校校長

今号では図形の相似について、学習していきましょう。

初めに、三角形の相似を証明する問題です。

問題1

下の図のように，AB＝ACである二等辺三角形ABCがあります。辺BC上にB，Cと異なる点Pをとり，辺AB上に∠APQ＝∠ACPとなるように点Qをとり，∠APQ＝∠ACP＝∠cとします。

このとき，PB：AC＝BQ：CPであることを証明しなさい。　　　（岩手県）

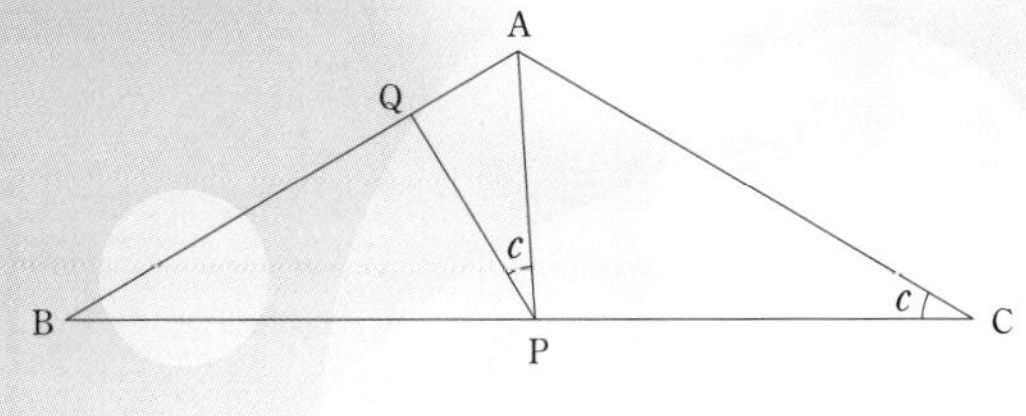

<考え方>

2つの三角形は、次の条件を満たすとき相似になります。

① 3組の辺の比がすべて等しい

② 2組の辺の比とその間の角がそれぞれ等しい

③ 2組の角がそれぞれ等しい

<解き方>

△PBQと△ACPにおいて、

二等辺三角形の底角は等しいから、

∠PBQ＝∠ACP　……①

△ACPの外角だから、

∠APB＝∠CAP＋∠ACP

よって、∠BPQ＋∠c＝∠CAP＋∠c

ゆえに、∠BPQ＝∠CAP　……②

①、②より、2組の角がそれぞれ等しいから、

△PBQ∽△ACP

対応する辺の比は等しいから、

PB：AC＝BQ：CP

続いて、相似を利用して辺の長さを求める問題です。

問題2

(1) 右ページの図1において，BCの長さを求めよ。ただし，点Dは辺AC上の点である。（成蹊）

未来に翔く翼とコンパス

Wings and Compass

説明会日程

第６回	10月 8日(土)	14:00 ～ 15:30
第７回	10月15日(土)	14:00 ～ 15:30
第８回	10月29日(土)	14:00 ～ 15:30
第９回	11月12日(土)	14:00 ～ 15:30
第１０回	11月20日(日)	14:00 ～ 15:30
第１１回	12月 3日(土)	14:00 ～ 15:30

野球部体験会

第2回	10月 8日(土)	16:30 ～ 18:00
第3回	11月12日(土)	16:30 ～ 18:00

解説会・相談会

特待入試解説会 ※	11月27日(日)	13:00 ～ 17:00
個別相談会	12月25日(日)	9:00 ～ 12:00

※会場は「東京国際フォーラム HALL B7」となります。

桜丘中学・高等学校共通行事
桜華祭
9/25(日)
9:00～15:00 本校
予約は不要です。

● 校内説明会では、全体会後に、校内見学・個別相談を行います。 ● すべて予約制です。
● 本校 Web http://www.sakuragaoka.ac.jp/ よりお申し込みください。
■ 上履きは必要ありません。 ■ お車でのご来校はご遠慮ください。

学校説明会の申し込みはこちら

• JR京浜東北線・東京メトロ南北線「王子」下車徒歩7分 • 都営地下鉄三田線「西巣鴨」下車徒歩8分 • 都電荒川線「滝野川一丁目」下車徒歩1分
• 「池袋」駅から都バス10分「滝野川二丁目」下車徒歩2分 • 北区コミュニティバス「飛鳥山公園」下車徒歩5分

学校ホームページ

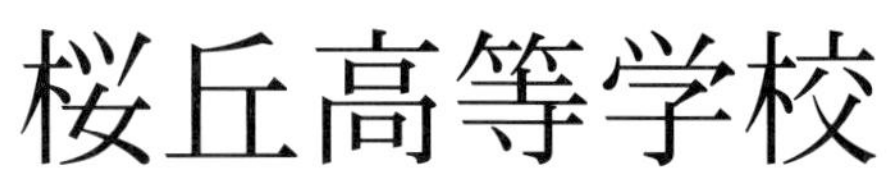

〒114-8554 東京都北区滝野川1-51-12 TEL:03-3910-6161
MAIL:info@sakuragaoka.ac.jp **http://www.sakuragaoka.ac.jp/**
@sakuragaokajshs http://www.facebook.com/sakuragaokajshs

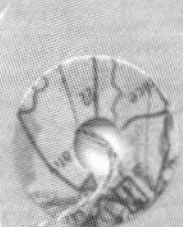

英語で話そう！

川村 宏一先生
早稲田アカデミー　教育事業推進部
英語研究課 課長

　朝がちょっぴり苦手な中学３年生のサマンサは、父（マイケル）と母（ローズ）、弟（ダニエル）との４人家族。

　ある日、サマンサが友だちからアメリカンフットボールのチケット（入場券）を２枚もらってきました。サマンサはダニエルに試合を見に行きたいかどうか聞いています。

Samantha：My friend gave me two tickets for a football game, Daniel.
サマンサ　：ダニエル、友だちからフットボールの試合のチケットを２枚もらったわ。

Daniel　：It sounds amazing!
ダニエル：それはすごいね！

Samantha：Do you want to go to the game? …①
サマンサ　：試合を見に行きたい？

Daniel　：Of course, I want to go to watch the game. When will the game is carried out? …②
ダニエル：もちろん、見に行きたいよ。試合はいつ行われるの？

Samantha：It will take place next Saturday afternoon. …③
サマンサ　：来週土曜日の午後よ。

Daniel　：All right. I'm looking forward to next week.
ダニエル：わかった。来週が楽しみだな。

今回学習するフレーズ

解説①　want to 〜	「〜したい」 (ex) I want to see your friends. 「私はあなたの友だちに会いたい」
解説②　carry out	「実行する／実施する」 (ex) You should carry out the plan. 「あなたはその計画を実行すべきだ」
解説③　take place〜	「〜が行われる、催される／〜が起こる」 (ex) This music festival will take place after you go back Japan. 「この音楽フェスティバルは、あなたが日本に帰ったあとに行われる予定です」

【訂正とおわび】2016年９月号の当欄におきまして、“I hope seeing you in Japan.”という表現があり、「今回学習するフレーズ」のなかでも“hope 〜ing”で「〜することを望む」と表記いたしました。しかし、本来“hope”はto不定詞を目的語とするのが正しく、９月号での表記は誤りです。大変申し訳ございませんでした。ここに訂正しておわびいたします。

開智高等学校

進学実績を支える開智メソッド【授業＋独習＋サポート】

毎年、高水準の大学合格実績を重ねている開智高校。今回は、その裏づけとなっている「高い教育力」の秘密に迫ります。

正規の授業、特別講座、講習をリンクさせた徹底した受験サポート

「高品質な授業と、その効果を最大限に生かす特別講座と講習会」

《授業》

開智高校では、大学受験指導に精通した教師集団による、質の高い授業が毎日行われています。各単元の基礎的な知識や考え方の習得から、それらを自ら使いこなして考えていけるようになるまで、少しずつ、着実に生徒達のレベルアップを図っています。

基礎となる学習部分では、先生からの説明が中心となる授業が行われるとともに、徹底した反復学習が行われます。その段階を終えると「学びあい」の段階に入ります。「学びあい」とは、先生からの話を聞くだけでなく、自ら課題や疑問点を発見し、それらを仲間とともに学ぶことで、より深い理解を目指す学習スタイルです。生徒達は「学びあい」を通して、自分自身で調べ、思考し、発信するという一連の学習姿勢を獲得していきます。主体的な学び体験を通じて、それまで自分の「外」にあったものを「内」に取り込むことができるようになるのです。

このような主体性を持った生徒と、卓越した指導力を持った教師集団によって毎日の授業が作り出されています。

《特別講座》

この授業の学習効果をさらに深めているのが、放課後に実施されている特別講座（通称「特講」）です。

1・2年生のときには月曜日と木曜日に2時間ずつ、3年生になると月曜日から土曜日まで毎日3時間ずつの講座が実施されています。例えば3年生対象の東大受験対策講座は、

【月曜日】現代文、日本史、世界史
【火曜日】数学　【水曜日】英語
【木曜日】古典　【金曜日】数学、現代文
【土曜日】物理、化学

といった講座が設置されています。生徒は自分が必要とする講座を選択して受講します。これらの特講は授業を担当している教師が担当している点が最大のメリットです。授業と完全にリンクした内容となっているため、生徒の理解度に応じて内容を精選できるだけでなく、授業で扱った教材との重複を完全に避けることができます。学習効果が極めて高いので、ほぼ全ての生徒が特講に参加しています。

また、この特講は、3年生の講座については多くの入試問題を取り上げるため、教材費として500円が必要になりますが、受講料は全学年とも無料です。これも開智の特講の魅力となっています。

《講習会》

講習会として夏期講習、冬期講習、直前講習および春期講習が準備されています。例えば夏期講習については、1ターム5日間で夏休み期間中に第1期から第

6期までの全6タームが設定されています。

1・2年生対象には第1期、第6期の10日間の講習が、3年生対象には全期間30日間の講習が行われます。1日あたり1・2年生には3～4時間、3年生には6～8時間の授業が組まれています。また、1・2年生については第1期講習の後に3泊4日の勉強合宿も実施されます。

また直前講習は3年生だけに行われる講習会で、センター試験対策講座、国立2次対策講座、私大対策講座など、入試パターンに合わせた講座が実施されます。

夏期講習、冬期講習、春期講習は1時間あたり360円で受講できるようになっています。直前講習については全て無料で受講できます。

「『わかったつもり』を徹底的に排除する」

《独習》

開智高校の教師はいろいろな意味で「授業がうまい」ため、かなりの難問であっても授業中に理解することができます。しかし大切なのはここから先です。自分独りでその問題を解きなおしたときにきちんと再現することができるか、この「再現性」こそが実力として身についた部分であるからです。そのためにはまずは「独りで」自分自身と向き合う作業が必要になります。これを開智では「独習」と呼んでいます。

そのための時間と場所を開智ではふんだんに準備しています。早朝、昼休み、放課後はもちろん、休日も落ち着いた環境（個人ブース形式）で独習できる《独習室》が約250席準備されています。平日は、1・2年生は夜7時まで、3年生は夜9時まで利用することができ、休日は朝9時から午後5時まで利用することができます。

また校舎内には《独習室》とは別に仲間と一緒に勉強したり、先生に質問したりするための場所として《学びあいスペース》が何箇所も設けられています。それらには丸テーブルがたくさん置かれており、合計で約300席になります。

静かに自分と向き合う《独習》と、仲間とともに高めあう《学びあい》とを目的に応じて使い分けられるようになっています。

「勉強のこと、進路のこと、部活動のこと… 何でも気軽に相談できる先生」

授業と独習の両輪で進めていく開智での学習ですが、それをより効果的にするのが「サポート」です。

開智の職員室は、そのものが生徒の通行場所になっています。廊下の一部が広くなっていて、そこに職員室があるといった状態です。また職員室内にも生徒達の《学びあいスペース》が40席以上設けられています。これらにより、勉強についての質問だけでなく、さまざまな相談を先生にしやすい環境が開智にはあります。このハードルの低さが、生徒に対するサポートの高さになっています。わからないことは明日に持ち越さないこと。ひとりで悩みを抱え込まないこと。開智の教師は全力で生徒のみなさんをサポートしていきます。

KAICHI

開智高等学校

高等部（共学）

〒339-0004
さいたま市岩槻区徳力西186
TEL 048−794−4599（企画広報室）
http://www.kaichigakuen.ed.jp/
東武アーバンパークライン（東武野田線）
東岩槻駅（大宮より15分）北口徒歩15分

■入試説明会・個別相談会　（説明時間約80分、個別相談約15分）

日程		入試説明会		個別相談会
9月24日	土		13：30～	個別相談 10：00～16：30
10月22日	土	10：00～	13：30～	
11月19日	土	10：00～		
11月27日	日	10：00～	13：30～	
12月17日	土	10：00～		

※個別相談会のみ９月以降ＨＰにて予約が必要です。

みんなの

TEXT BY
かずはじめ
数学を子どもたちに、楽しく、わかりやすく、使ってもらえるように日夜研究している。
好きな言葉は、"笑う門には福来る"。

初級～上級までの各問題に生徒たちが答えています。
どの生徒が正しい答えを言っているか当ててみよう。
もちろん、当てずっぽうじゃなく、実際に問題を解いてみてね。
今回は初級からです。

問題編

答えは58ページ

右の図の積み木の数は何個ありますか。

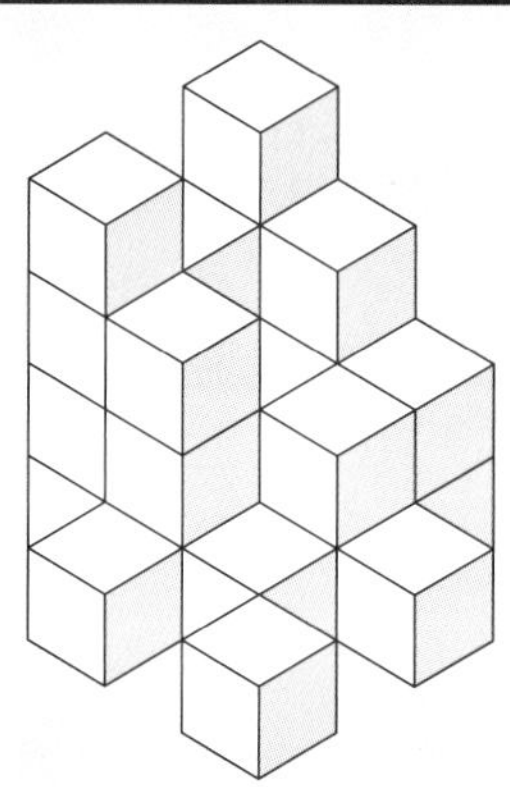

上級

縦・横・高さのすべてが整数（単位はすべてcm）の直方体があります。この直方体の体積が200cm^3のとき、異なった形の直方体として考えられるものは何種類ありますか。

A
答えは… 12種類
数えたよ。
B
答えは… 24種類
計算しました。
C
答えは… 48種類
ぼくも計算したけど…。

中級

1辺の長さが32cmで重さが320gのサイコロと同じ材料で作った、1辺の長さが8cmのサイコロの重さを求めると…？

A
答えは… 80g
長さが4分の1だから。
B
答えは… 約11g
体積比は3乗だから、3分の1の3乗でこうなる。
C
答えは… 64分の1g
辺の長さの比の3乗だから、4分の1の3乗すればいい。

初級

B

これは解説不要です。
落ち着いてきちんと積み木の数を数えれば、答えは27個になることがわかります。
ただし、手前にある積み木に隠れて見えなくなっている部分も忘れずに数えるように！
ちなみに、これは幼児教室の問題です。
恐るべし幼稚園児!!

A

C

正解は

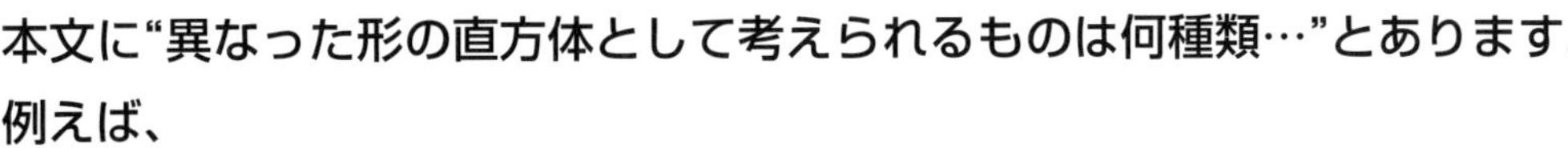

本文に“異なった形の直方体として考えられるものは何種類…”とあります。例えば、

（縦、横、高さ）＝（1、1、200）と（1、200、1）は同じ直方体であることに注意します。こういうときは、縦の長さ≦横の長さ≦高さ　と決めると求めやすいです。

（縦の長さ）×（横の長さ）×（高さ）＝200ですから、

（縦、横、高さ）は（1、1、200）、（1、2、100）、（1、4、50）、（1、5、40）、（1、8、25）、（1、10、20）、（2、2、50）、（2、4、25）、（2、5、20）、（2、10、10）、（4、5、10）、（5、5、8）の12種類です。

B
同じ形を忘れたね。

C
多すぎるよ！　どんな計算？

正解は

体積比は辺の長さの比の３乗です。

ですから、$(\frac{1}{4})^3=\frac{1}{64}$なので、$320\times\frac{1}{64}=5$g　となります。

A
ちょっと短絡的すぎるかな。

B
３分の１ってどこから出てきたの？

國學院高等学校

緑豊かな神宮外苑の杜にある國學院高等学校（以下、國學院）。
今年、国公立・早慶上理に92名、GMARCHに385名が合格！

付属校&進学校

國學院は併設中学校のない高校単独の共学校で、1学年は約570名、全学年で約1700名の生徒が在籍する都内でも有数の大規模校です。付属校でありながら、毎年約8割の生徒が他の難関大学を目指す進学校でもあり、青山という立地条件の良さも伴ってか、受験生には大変人気のある私立高校の一つです。また、大規模校だからこそ、〝心の教育〟にも力を入れており、生徒一人ひとりの悩みや不安に親身に寄り添いながら、それぞれの進路希望に合わせたきめ細かな進路指導が行われています。

その結果、今年（2016年）の大学入試では過去10年で最高の実績（国公立・早慶上理92名、GMARCH385名など）を挙げました。特にGMARCH385名合格という数字は、都内でもトップクラスに入る実績です。

國學院では高校募集時に、他の進学校にあるような特進コースや選抜コースといったコース区分がないため、新入生は皆同じ教育環境のもとで安心して高校生活をスタートすることができます。そのため各学年とも生徒同士の信頼関係が厚く、伝統的に穏やかな校風がみられます。また、素直で真面目な生徒が多いのは、何事に対しても基本を大切にする國學院の特長の一つと言えます。

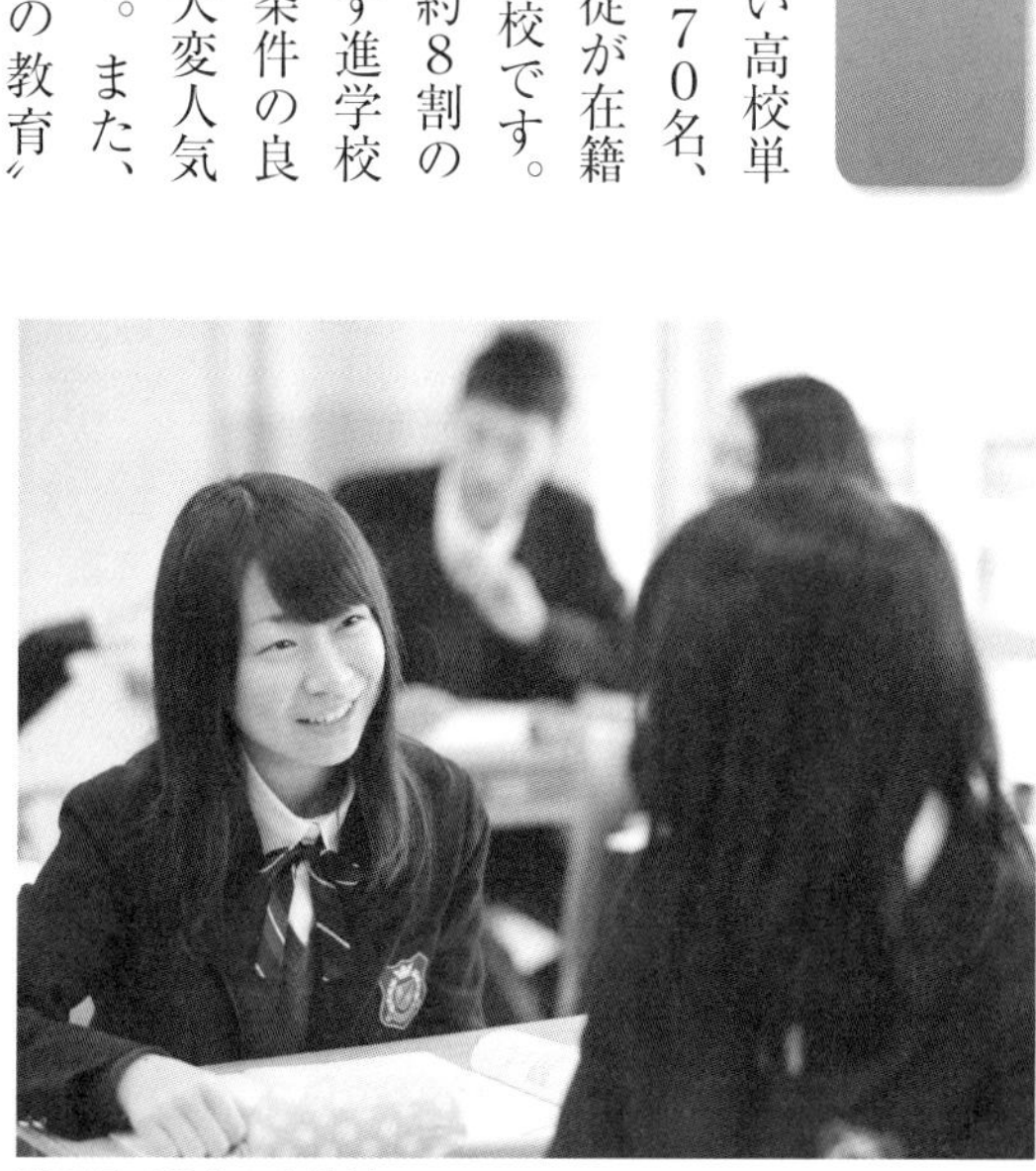

真面目で穏やかな校風

きめ細かな学習指導体制

1年次はコース区分がないため、全員が同じ試験をクリアし、同じレベルの教育を受けるのですが、どうしても学年を追うごとに少しずつ学力の差が生じてきます。そのため多様な学習状況にある生徒全員に対して、その学力や能力に合わせたカリキュラムを設定し、また数多くの学習オプションを導入しています。

2年次からは、文系と理系に分か

れ、文系には成績上位者向けの「チャレンジクラス」を設置、理系は多様な志望学科に対応できるように細かなクラス編成を行っています。

受験学年の3年次からは、平日の6時間目に、受験に直結した「選択講座」が始まり、土曜日には任意選択科目の授業が行われます。「選択講座」は、「基礎英語」のような基礎的なものから「難関大英語」「ハイレベル数学」といった応用講座まで多彩な学習オプションが設定されており、学力や進路希望に応じた講座を選択することができます。

また、授業や各種講座と並行して担任によるきめ細かな個人面談を実施することで生徒たちの大学受験へのモチベーションが高まり、自らの進路目標を設定し主体的に学習に取り組むようになっていきます。

海外語学研修は観光も充実しています（カナダ・バンクーバー）

アクティブな体験学習

國學院では、生徒の思考力向上と主体的行動の推進を目的として、多彩な体験学習を実施しています。

次ではそのいくつかの特徴ある学習をご紹介します。

(1) 歴史教室

1・2年の希望者で歴史のフィールドワークを行うプログラム。昨年度は鶴岡八幡宮や東京国立博物館で「女房装束の謎」を追いかけました。

(2) 科学研修

1年の希望者対象に、身近に感じることのできる科学を知り、体験を通じて驚きや感動を伝えることを目的としています。昨年度は「ロボット」「最先端科学技術」「宇宙」をテーマに「筑波宇宙センター」など3か所の施設を見学しました。

(3) 文学研修

1年の希望者対象に、春の京都で行われる2泊3日の宿泊研修です。古典・近代文学・歴史に関わる生きた知識を修得し、勉強への動機付けを目的としています。昨年度は宿坊に宿泊し、京都御所や宇治の源氏物語ミュージアムを見学しました。

(4) 海外語学研修

夏季休暇中に実施される國學院の核となる行事の一つです。1・2年の希望者対象に、オーストラリア・タウンズビルで約2週間のホームステイを体験します。なお、希望者増加に対応するため今年からカナダ・バンクーバーでの語学研修も始まり、さらに充実した内容になりました。現地で1年は高校に通学し異文化を体験し、2年は語学学校で英語の習得に励み、日本では体験することのできない貴重な時間を過ごします。

体育祭では先輩・後輩の絆が深まります

バランスの良い3年間

学習の面だけをご紹介してきましたが、國學院ではクラブ活動、体育祭や文化祭などの学校行事にも積極的に参加することを奨励しています。

「校長が、朝礼などで、〝頭は文化的に、体は野性的に〟という言葉をよく使って話をします。この言葉には、高校3年間を楽しく過ごすために、勉強だけでなく学校行事やクラブ活動にもバランスよく熱中しようという意味が込められています。國學院では、このバランス感覚を大事にしており、全員が同じ船に乗っている仲間として無事に志望する進路に進んで欲しいと考えています。そのために教員全員、少しの努力も惜しむことはありません」と、入試部長の幸松世剛先生に熱く語って頂きました。

高校の3年間、勉強に、スポーツに、そして学校行事に思いっきりチャレンジしてみたいと思っている受験生の皆さん、ぜひ一度、國學院を見学に行かれてみてはいかがですか。

國學院高等学校（共学校）
〒150-0001
東京都渋谷区神宮前2-2-3
Tel 03-3403-2331
http://www.kokugakuin.ed.jp

■学校説明会
10月15日（土）①10:30～／②14:30～
11月12日（土）14:00～
11月26日（土）14:00～
12月 3日（土）14:00～

■文化祭
9月18日（日）・19日（月・祝）

＼先輩に聞け！／

大学ナビゲーター

青山学院大学

教育人間科学部　教育学科　1年生
野田紬月（のだゆづき）さん

幼稚園や小学校の先生になるために勉強を頑張ります

教育の基礎知識と幅広い教養を学ぶ

——青山学院大の教育人間科学部に入学した理由を教えてください。

「保育園や幼稚園の先生に興味があり、それらの免許が取れる大学を探すなかで、教育人間科学部も候補として考えていました。履修科目にもよりますが、この学部では幼稚園、小学校、中学校、高校の免許を取得することが可能なんです。

そして、指定校推薦の一覧が発表されたときに、ちょうどこの学部があったので、指定校推薦制度を利用しました。志望していた大学の学部が推薦先にあったのは運がよかったです。いまは幼稚園と小学校の教員免許を取ろうと考えています。」

——どんな講義を受けていますか？

「1年生のうちは、教育制度概説や教育学概説など、教育に関する基本的なことを学ぶ講義が多いです。1クラス40人を半分に分けて行う少人数の基礎演習では、テキストの内容を分担して、担当箇所について調べたことを発表します。私は幼児教育に関心があるので、モンテッソーリ教育を開発したマリア・モンテッソーリについて調べました。

臨床教育学総論で取り上げる題材は、いじめや不登校、ネグレクトなどです。先生は児童相談所でボランティアの経験もある方なので、そのときのことも話してくれます。聞いていてつらくなるような話もありますが、将来、児童にかかわる仕事をしたいと考えている自分にとってためになります。

法学の講義も好きですね。実際の事例を紹介しながらクイズを出してくれたり、『あなたならどうしますか』という問いかけの答えをリアク

サークルのメンバーと屋外でビーチバレーを楽しみます

野田さんが所属するサークルのみなさん

ションペーパーに書いて提出したりと、先生が色々と工夫した講義を展開してくれて楽しいんです。」

――特色ある講義はありますか？

「さまざまな分野の講義をバランスよく履修するための『青山スタンダード』という全学部共通の特徴的なシステムがあります。歴史理解関連科目、自然理解関連科目というように、それぞれの分野ごとに関連する教養科目が用意されていて、各分野の関連科目を卒業までに規定単位数履修しなければなりません。

また、青山学院大はキリスト教を基盤とする学校なので、キリスト教に関する講義も全学部必修です。これまでキリスト教になじみがなかったのでテストは難しく感じました。キャンパス内の礼拝堂で行われる礼拝に参加して、その内容や感想をレポートとして提出もしました。

これまでに紹介した講義はすべて前期の講義で、後期には体育などの新しい講義を履修していきます。体育はバレー、バスケ、卓球など色々な種目が選べて、私はフィットネスとフットサルを選択しました。ほかにも、算数概説や音楽概説など、小学校の教員免許を取るために必要な講義も受けていきます。

パソコンを使ったＩＴ科目も必修ですが、講義形式ではなく、自習形式なのが珍しいかもしれません。文書作成、表計算などのいくつかの項目を卒業までにクリアする必要があるので、空いた時間にパソコン室に通っています。パソコン室には練習部屋と試験官の先生がいる本番用の部屋があり、練習でうまくいったら本番に臨む…というように、自分のペースで進めています。」

――今後の目標を教えてください。

「目標とする幼稚園か小学校の先生になるために、大学での勉強を頑張りたいです。最近保育士の免許を取るための通信教育も始めました。

また、小6から続けている地元の保育園でのボランティアに加えて、これからは、大学のプログラムにある地域の保育園でのボランティアにも参加していきたいです。」

オールラウンドサークル

色々なスポーツを楽しむオールラウンドサークルに入っています。おもにバレーボールとアルティメット（※）をしていて、バドミントンやバスケットボールなどもします。夏休み中に行われた夏合宿では、班に分かれてこのようなスポーツの成績を競うほか、運動会形式で大縄や綱引き、リレーなどもしました。アクティブな子がそろっているので、サークルの活動以外にも個人で誘いあってボルダリングやキャニオニング（滝下り）に行くこともあります。

※フリスビーを使って行うバスケットボールやアメリカンフットボールに似た競技

推薦入試のコツ

高校は公立校で、私は推薦入試で合格できました。私たちの年から公立高校の推薦入試で集団討論が導入されました。本番では「優先席」というテーマについて自由に話すように言われたので、それぞれ意見を出しあっていたのですが、途中で１人の子がみんなの意見をまとめて試験官の先生に伝えてしまったんです。そのときの「意見をまとめてとは言ってませんよ」という先生の言葉を聞いて、先生が言ったことをきちんと聞くことが重要なんだと実感しました。あとは積極的に会話に参加して、ハキハキと発言することも大事だと思います。

推薦入試では個人面接と小論文もありました。小論文は練習で色々なお題に挑戦していたので、本番の「あなたにとって豊かさとは？」というテーマに対しても、練習で書いた「あなたの一番大切なものは？」というテーマを応用することができました。練習はお題が偏らないように気をつけて、幅広いテーマに取り組むのがおすすめです。

自分の実力を見極める

私は当時の実力をふまえて、もう少し頑張れば合格できそうな学校を志望校にしていました。そうした自分の経験や、昨年受験生だったいとこの姿を見ていると、自分のいまの学力や自分がどこまで頑張れるのかを見極めて計画を立てることも大切だと感じています。高みをめざすことももちろん大事なことだと思いますが、自分の限界を考慮しつつ受験に臨んでほしいです。

文部科学省SGH指定校
スーパーグローバルハイスクール

英知をもって国際社会で活躍できる人間を育成する。

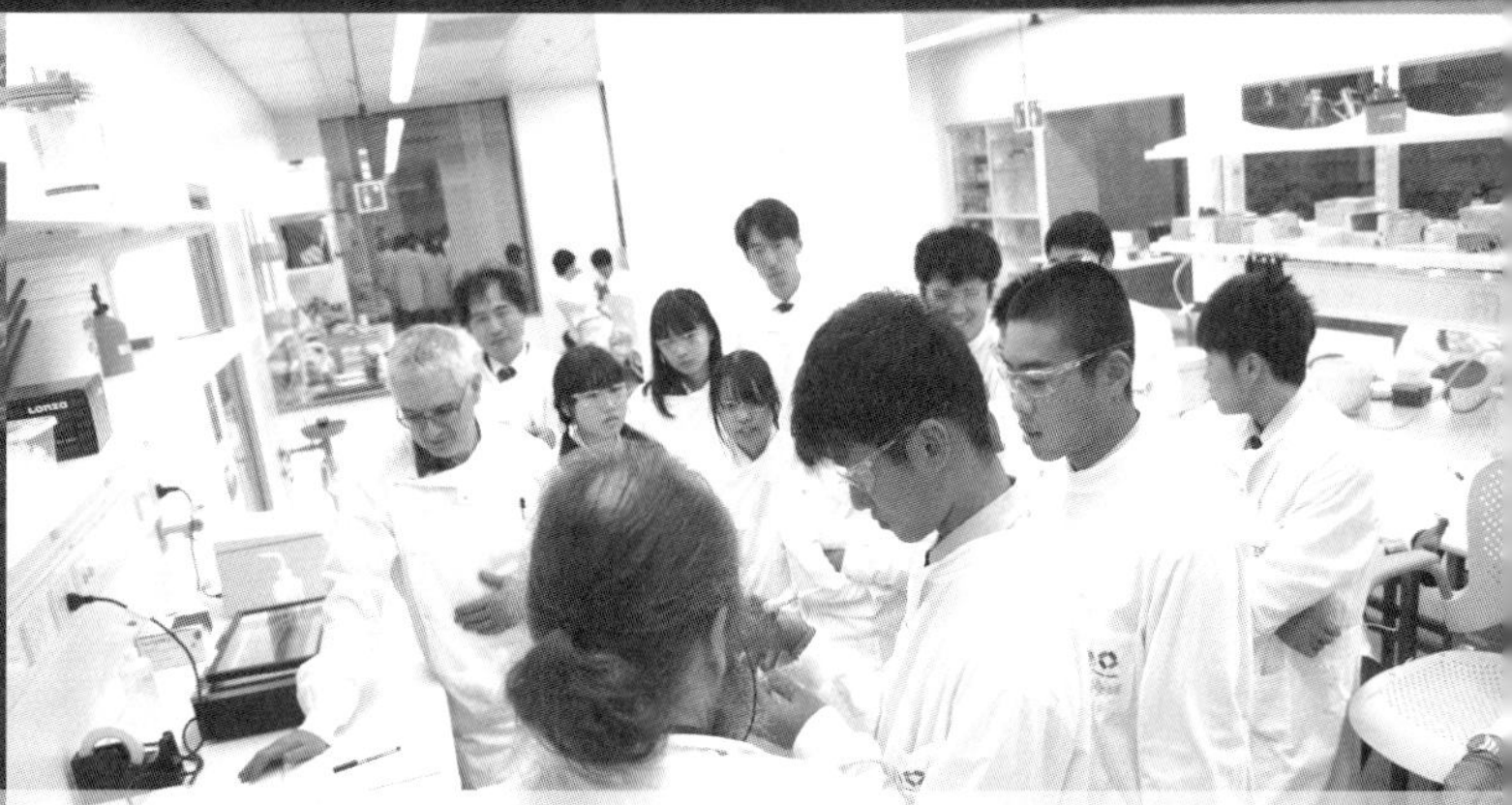

これからのグローバル社会が求める人材は思考力、表現力など、創造的学力が求められています。
また、グローバルな人間観や世界観を持った国際的人間性も必要とされています。
順天の教育には、将来を見据えたグローバルリーダー育成の為のプロセスがあります。

学校説明会 生徒・保護者対象

10月22日(土) 13:00～都内生対象　15:00～都外生対象
11月12日(土) 13:00～都内生対象　15:00～都外生対象
12月10日(土) 13:00～都内生対象　15:00～都外生対象

個別相談会 生徒・保護者対象

10月22日(土) 14:30～都内生対象　16:30～都外生対象
11月12日(土) 14:30～都内生対象　16:30～都外生対象
11月19日(土) 14:00～全域対象
12月10日(土) 14:30～都内生対象　16:30～都外生対象

公開学校行事 王子キャンパス本館

●北斗祭(文化祭)
9月18日(日)12:00～15:00・19日(祝)9:00～15:00
●S・Eクラス発表会 FAXでご予約
11月19日(土)13:00～

予約制個別相談会

12月25日(日) 9:00～12:00 全域対象
学校説明会資料(冊子)添付の専用はがきでご予約ください
＊予約締切 12月21日

順天高等学校

王子キャンパス(京浜東北線・南北線 王子駅・徒歩3分)
東京都北区王子本町1-17-13　TEL.03-3908-2966
新田キャンパス(体育館・武道館・研修館・メモリアルホール・グラウンド)
http://www.junten.ed.jp/

Bungou Retsuden

古今文豪列伝

第23回

遠藤周作

Syusaku Endo

今年没後20年を迎えた遠藤周作は1923年（大正12年）3月、銀行員の次男として生まれた。3歳のとき、父の転勤で旧満洲（現中国東北部）に移住、その後、両親が離婚し、神戸に移り、1935年（昭和10年）、私立灘中学校（現灘中高）に入学、母の影響でキリスト教の洗礼を受けたんだ。洗礼を受けたことは、のちの遠藤文学に大きな影響を与えたとされる。

灘中時代は映画、文学に夢中になり、成績はかんばしくなかったそうだ。中学4年から旧制高校を受験したが失敗、5年でも失敗、1940年（昭和15年）に灘中を卒業し、1年浪人して上智大予科に入学したけど、翌年中退し、1943年（昭和18年）に慶應義塾大予科に入ったんだ。受験では苦労したようだね。

第二次世界大戦時は勤労動員で工場で働き、徴兵検査も受けたけど、肋膜炎を患ったりして、入営前に終戦になった。

戦後は大学にもどり、フランス文学に傾倒、「三田文学」の同人となり、評論などを発表している。

1948年（昭和23年）に大学を卒業、2年後に戦後初の留学生としてフランスに3年間留学、リヨン大学に入ったんだ。帰国後は文化学院の講師をしながら評論を執筆、1954年（昭和29年）に初の小説『アデンまで』を発表、続いて発表したキリスト教とナチを描いた『白い人』は翌年の芥川賞を受賞した。

遠藤は芥川賞受賞で一気に人気作家となり、1957年（昭和32年）に発表した、九州大生体解剖事件を描いた『海と毒薬』は新潮文学賞、毎日出版文化賞を受賞。この後、結核を患い入院、一時は危篤に陥っているんだ。

その後は戦国3部作を発表したり、狐狸庵先生の名前でユーモア小説を発表したりした。1966年（昭和41年）に『沈黙』で谷崎賞を受賞。「三田文学」の編集長に就任したり、劇団を立ちあげたりと活躍した。

1993年（平成5年）、『深い河』を発表、1995年（平成7年）には文化勲章を受章している。だが、翌1996年（平成8年）、誤嚥性肺炎になった。結核で肺を1つ摘出していたことから、肺炎は致命傷となり、9月28日、呼吸不全で死去。73歳だった。

今月の名作

遠藤 周作

『沈黙』

『沈黙』
550円＋税
新潮文庫

江戸時代初期、日本で布教していたイエズス会の神学者が棄教したとの噂を聞き、弟子が日本に潜入する。弟子は神学者に会えるが、そこで意外な真実を知らされる。捕らえられた弟子は踏絵を踏まされるが、そこにイエスの顔が現われる。

渋谷教育学園幕張高等学校

〒261-0014 千葉市美浜区若葉１-３　TEL.043-271-1221(代)　http://www.shibumaku.jp/

山本勇
中学3年生。幼稚園のころにテレビの大河ドラマを見て、歴史にはまる。将来は大河ドラマに出たいと思っている。あこがれは織田信長。最近のマイブームは仏像鑑賞。好きな芸能人はみうらじゅん。

ミステリーハンターQの

歴男歴女養成講座

ミステリーハンターQ（略してMQ）
米テキサス州出身。某有名エジプト学者の弟子。1980年代より気鋭の考古学者として注目されつつあるが本名はだれも知らない。日本の歴史について探る画期的な著書『歴史を掘る』の発刊準備を進めている。

春日静
中学1年生。カバンのなかにはつねに、読みかけの歴史小説が入っている根っからの歴女。あこがれは坂本龍馬。特技は年号の暗記のための語呂合わせを作ること。好きな芸能人は福山雅治。

南北朝時代

2つの朝廷が同時に存在し、争った南北朝時代。複雑な権力闘争の移り変わりについて確認していこう。

勇 中国にも南北朝時代があったけど、日本にも南北朝時代があったんだね。

MQ 中国の南北朝時代は5世紀から6世紀にかけて、華北に魏王朝が、華南に4つの王朝が君臨した時代をさすね。日本の南北朝時代は14世紀の50年強をさすんだ。

静 日本の南北朝時代は、南と北に2つの王朝があったの？

MQ 鎌倉時代の後半から、持明院統と大覚寺統の2つの系統から天皇が交代に即位するという変則的なことになっていたんだ。

勇 それが南北に分かれた理由になるの？

MQ 1333年（元弘3年）、鎌倉幕府が倒れ、大覚寺統の後醍醐天皇が建武の新政を行ったけど、わずか3年で失敗して、足利尊氏が1336年（延元元年、建武3年）に京都に入り、後醍醐天皇は現在の奈良県の吉野に移ったんだ。そこで尊氏は持明院統の光厳天皇を即位させ、2人の天皇が存在するという異常な事態になったんだ。

静 南の吉野と北の京都に天皇がいるから、南北朝なのね。それで南朝と北朝は戦争になったの？

MQ 1338年（延元3年、暦応元年）に足利尊氏は征夷大将軍になって、京都に室町幕府を開いたんだけど、後醍醐天皇はこれを認めず、関西や九州で何回か大きな戦いがあったんだ。

翌年、後醍醐天皇が亡くなり、その後の四条畷の戦いで南朝側は敗北した。南朝側は、吉野から現在の奈良県五条市に移り、さらに移動を余儀なくされたんだ。

勇 じゃあ、南朝は滅亡寸前になったんだ。

MQ ところが、北朝でも尊氏と弟の直義が対立していた。直義が南朝に帰順したり、有力守護大名の山名氏が南朝側についたりして、南朝は息を吹き返し、混乱が続くことになった。

静 両統の天皇の問題だけじゃなくなったのね？

MQ 室町幕府内の対立が南北朝に反映されて、複雑な権力闘争の様相を帯びたんだ。

南朝方は一時京都を占領したこともあった。でも、徐々に南朝は衰えていき、1392年（元中9年、明徳3年）、3代将軍の足利義満が、両統の交代即位を条件に、南朝の後亀山天皇が三種の神器を北朝の後小松天皇に渡し、南北朝の統一が実現したんだ。

「天皇の証し」三種の神器 王権も
ぜんぶ わしの もんじゃ
後醍醐天皇

「より良く生きる」ことを考える
「本当の教養を身に付けた国際人」を育成

東洋大学京北高等学校

■　東京都　文京区　共学校　■

2015年度（平成27年度）から改革を続けている東洋大学京北高等学校。校名変更、新校舎移転、男女共学化して２年目を迎え、「より良く生きる」をテーマに独自の哲学教育（生き方教育）・国際教育・キャリア教育を展開しています。

生き方を模索する素地をここで生徒に作らせたい

石坂 康倫 校長先生

東洋大学京北高等学校（以下、東洋大京北）の創設者である井上円了博士は、「諸学の基礎は哲学にあり」の精神を基とした哲学者です。東洋大京北においても哲学教育は盛んで、石坂康倫校長先生は、「本校で生徒にいかにして生きていくかを考える素地を作らせたいと思っています。ただ生きればいい、というのではありません。『より良く生きる』ことが大切です」と話されます。

　では、教育テーマである「より良く生きる」とは、どういう意味なのでしょうか。石坂校長先生は、「大小問わず、なにかで人の役に立てること、社会に貢献できること、そして、それを自らの生き甲斐にできたら幸せな生き方です。身近な人を幸せにすることが、『より良く生きる』ことにつながります」と語られます。

　また、「礼儀を正して、人の話を真摯に聞き、労苦を惜しまず力を尽くせば、不可能なことも可能になり、より良い人生につながる」という意味のメッセージが学校の骨子となっています。「多くの学者や宇宙飛行士がいま、10年前には考えられなかったことを成し遂げています。それは、このメッセージにあるような生き方をしたからです。実現させたのも、自身の名誉のためではなく人の役に立つためでしょう。生徒にも人の役に立つことを喜びにできる人になってほしいです」と石坂校長先生。

　さらに東洋大京北は「本当の教養を身に付けた国際人の育成」を教育理念に掲げています。「本当の教養」とはなんでしょう。石坂校長先生は学力と心の両面があるといいます。

「学力面では俯瞰して全体を見る力と、1つひとつを深く掘り下げて探究する力。心の面では人の良し悪しの両面を見て理解する豊かな心と、相手の立場になって考える思いやりの心を育てます。それらを持つ人が増えれば社会は変わると思うのです。」（石坂校長先生）

　このなかで、「俯瞰して全体を見る力」を高めるのが「全科目履修型カリキュラム」です。高1・高2は全員が全科目を履修し、理系・文系に偏らない幅広い知識と教養を身につけ、多角的な観察力を養います。また、高1は文章を読解し、判断し、表現するといった「国語で論理」を学ぶ時間があります。ここで身につける論理的思考力や表現力は、海外の人たちと話しあう際に必要となるばかりでなく、これからの社会で求められ、大学入試においても重視されるものです。石坂校長先生は「本校は東洋大学の附属校ではありますが、生徒たちには高い志を持って、行きたい大学に行ける力を身につけてほしいです」と話されます。

　最後に、石坂校長先生からメッセージをいただきました。

「学校選択は、校名や偏差値を見るだけではなく、実際に学校で生徒を見て決めることがポイントです。本校の生徒たちは、互いが頑張ったことをたたえあう文化があります。あと、お手洗いの清潔感をチェックしてみてください。意外と重要なんですよ。」（石坂校長先生）

説明会日程

学校説明会 要予約
10月15日(土)15:00～16:30
10月30日(日)13:00～14:30
／16:00～17:30
11月19日(土)15:00～16:30
12月３日(土)15:00～16:30

個別相談会 要予約
両日とも14:00～17:00
11月５日(土) 11月26日(土)

オープンスクール 要予約
10月23日(日) 9:00～13:00

入試問題対策会(中３対象) 要予約
12月18日(日) 9:00～12:00
／13:30～16:30

京北祭
両日とも10:00～15:00
10月１日(土) 10月２日(日)
※入試相談室あり

SCHOOL DATA

所在地	東京都文京区白山2-36-5
アクセス	都営三田線「白山駅」徒歩6分、地下鉄南北線「本駒込駅」徒歩10分、地下鉄丸ノ内線「茗荷谷駅」徒歩14分、地下鉄千代田線「千駄木駅」徒歩19分
TEL	03-3816-6211
URL	https://www.toyo.ac.jp/site/toyodaikeihoku

NIHONGO COLUMN NO.80

「月」の入った慣用句

今月号では、「月」が入った慣用句をみてみよう。

「盆と正月が一緒に来たよう」。江戸時代はお盆とお正月は休みで、商店などに勤めていた人は家に帰ることができた。そこから嬉しいことが重なることをいう。また、目の回るような忙しさをたとえたりすることもある。

「月満つれば欠く」。満月でも、次には必ず欠けるよね。そこから、どんな威勢を誇ったことでもやがては必ず衰退する、という意味だ。中国の古典から出た言葉だ。「世界を征服する勢いだったモンゴル帝国もついに滅んだ。月満つれば欠く、だね」なんて感じだ。

「月夜に提灯(ちょうちん)」。月夜は明るいよね。だから提灯はいらないわけで、不必要なもののたとえだ。あるいは意味のない贅沢(ぜいたく)についてもいうことがある。「月夜に提灯、夏火鉢」と続けることもあるよ。

「月夜に釜を抜かれる」。月夜で明るかったのに、釜を盗まれてしまうこと。油断をして失敗することだ。「相手をなめてかかると月夜に釜を抜かれるぞ。気を引き締めていこう」なんていうね。

「月とすっぽん」は同じ丸い形なのに、月は美しいが、すっぽんはそうでもないことから、いいものと悪いものの差が著しいものをたとえていうんだ。「A君の描いた絵とB君の描いた絵は月とすっぽんだ」なんていわれたら可哀想だね。

「雨夜(あまよ)の月」。雨が降っていたら月は見えないよね。そこからありえないことをいうんだ。「彼が満点をとるなんて雨夜の月だ」なんていわれないようにしたいね。まれに起こることをさす使い方もあるよ。

「月下氷人(げっかひょうじん)」は縁結びの神さまのことだ。古代中国の古典から出た言葉で、現代では結婚式の仲人、媒酌人(ばいしゃくにん)のことをいうこともある。

「花鳥風月(かちょうふうげつ)」は美しい風景の代表をさす言葉だ。そこから短歌のおもな題材や風流の心をさすこともある。似ている言葉に「雪月花」がある。「雪月花」は宝塚歌劇団の最初の組の名前にもなったんだ。「雪組」「月組」「花組」だ。その後、「星組」「宙(そら)組」が加わって、いまは5組あるね。

美 女子美術大学付属高等学校

JOSHIBI

2016年度
公開行事情報

学校説明会
9月24日（土）
11月19日（土）
各 14:00 ～
予約不要

公開授業 予約不要
9月24日（土）
10月8日（土）
11月19日（土）
11月26日（土）
各 8:35～12:40

持参された作品に美術科教員がアドバイス。

作品講評会
9月24日（土）
11月19日（土）
各 14:00 ～
（13:30 受付開始）
予約不要

女子美祭
～中高大同時開催～
～本校最大のイベント～
10月29日（土）・30日（日）
各 10:00～17:00

ミニ学校説明会
29日（土）
12:00～、15:00～
30日（日）
11:30～、13:30～

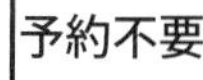

中学3年生対象
秋の実技講習会
水彩・鉛筆デッサンの講習
11月6日（日）
8:15 受付　8:35 講習開始
要HP予約

すべて
上履不要

〒166-8538　東京都杉並区和田 1-49-8　[代表] TEL: 03-5340-4541　FAX: 03-5340-4542

http://www.joshibi.ac.jp/fuzoku

100th 2015 ANNIVERSARY

サクニュー！ ニュースを入手しろ！

Success News

▲PHOTO 近代建築の巨匠ル・コルビュジエの設計した建築物として、世界遺産に認定された東京・上野の国立西洋美術館。

今月のKeyword▼

国立西洋美術館が世界遺産に

東京・上野の国立西洋美術館など、ル・コルビュジエが設計した7カ国計17の建築物が、7月にトルコで開かれた国際連合教育科学文化機関（ユネスコ）で世界文化遺産に登録されることが決まりました。大陸をまたぐ世界遺産は初めてです。

日本の世界遺産は昨年登録された「明治日本の産業革命遺産」に続き20件目で、文化遺産は16件となりました。

東京の世界遺産は2011年に登録された自然遺産の小笠原諸島に続き2件目です。

ル・コルビュジエは1887年スイス生まれの建築家、都市設計家です。のちにフランス国籍をとり、1階の壁を取り払ったピロティーや屋上庭園を提唱するなど、アメリカのフランク・ロイド・ライト、ドイツのミース・ファン・デル・ローエとともに近代建築の三大巨匠と呼ばれています。ヨーロッパの石積みやレンガ積み建築から、コンクリートの建築工法を中心とした「ドミノシステム」を考案しました。

また、絵画や家具にも多くの作品を残しています。1965年に77歳で亡くなっています。

今回、登録されたのは、フランス・ロンシャンの礼拝堂など10作品、スイスの集合住宅など2作品、それにベルギー、ドイツ、インド、アルゼンチン、日本の各1作品の計17作品です。

日本の国立西洋美術館は19世紀から20世紀にかけての西洋絵画、彫刻を中心とする松方コレクションを収蔵、展示するために、当時の文部省が設立を決め、本館の設計をル・コルビュジエに依頼しました。

松方コレクションとは、実業家の松方幸次郎がフランスで収集したもので、第二次世界大戦でフランス政府に接収されていましたが、戦後間もなく返還されることになったのです。

設計のため、ル・コルビュジエは1955年に来日、ピロティー様式の斬新なデザインとして、当時は話題になり、1959年に開館しました。1998年に公共建築百選に選ばれ、2007年には本館が国の重要文化財に指定されています。

また、前庭と園地は国の登録記念物になっています。

そこにはロダンの「考える人」「地獄の門」「カレーの市民」などの彫刻が展示されており、本館にはルノワール、モネ、ルーベンス、ミレー、ゴーギャンなどの絵画多数を収蔵、展示しています。

同美術館はJR線上野駅の公園口から徒歩1分です。みなさんも出かけてみてはいかがでしょうか。

私の時間は始まっている

今春の大学合格実績

国公立大学・大学校	17	北海道・東京学芸・電通2・首都大・千葉・茨城2 他
早慶上理	7	慶應義塾・上智3・東京理科3
GMARCH	88	学習院10・明治11・青山学院10・立教7 中央15・法政35
成・成・明・学・武・獨・國	77	成城8・成蹊12・明治学院11・武蔵8・獨協22 國學院16
日東駒専	177	日本53・東洋75・駒澤29・専修20

一人ひとりが希望の進路をかなえています

特別進学類型	北海道大、東京学芸大、電気通信大、首都大東京、千葉大、茨城大、群馬大、慶應義塾大、東京理科大、青山学院大、立教大、中央大、法政大、津田塾大、東京女子大、東京医科大など 【現役合格率】 **93.6%** 【大学進学率】 **84.5%**
選抜進学類型	上智大、学習院大、明治大、青山学院大、中央大、法政大、明治学院大、武蔵大、獨協大、國學院大、日本大、東洋大、駒澤大、東京女子大、日本女子大など 【現役合格率】 **97.5%** 【大学進学率】 **88.8%**
普通進学類型	明治大、青山学院大、法政大、成城大、成蹊大、明治学院大、武蔵大、獨協大、國學院大、日本大、東洋大、駒澤大、専修大、東京女子大、学習院女子大など 【大学進学希望者の現役合格率】 **94.6%** 【大学進学希望者の大学進学率】 **90.8%**

学校説明会・個別相談

① 校舎・施設見学 ② 全体会開始

10月22日〔土〕	①14:00	②14:30
10月30日〔日〕	①14:00	②14:30
11月 6 日〔日〕	①14:00	②14:30
11月12日〔土〕	①14:00	②14:30
11月19日〔土〕	①14:00	②14:30
11月26日〔土〕	①14:00	②14:30

- 事前のお申し込みは必要ありません。ご自由に参加して下さい。
- 個別相談は全体会（約1時間）終了後、希望制で行います。
- 個別相談は体験入学でも可能です。
- 上履き、筆記用具をご持参下さい。 ●お車でのご来校はご遠慮下さい。
- 上記日程以外を希望される場合は、事前にお問い合せ下さい。
  平日は16時以降、土曜日は午前中、見学が可能です。
- 台風等で交通機関に混乱が生じるおそれのある時、中止になる場合があります。
  前日のホームページでご確認下さい。

豊昭祭（文化祭）

9月17日〔土〕 9月18日〔日〕

●入試相談のコーナーがあります。 ●上履きをご持参下さい。

TOSHIMA GAKUIN

学校法人 豊昭学園

豊島学院高等学校

併設／東京交通短期大学・昭和鉄道高等学校

選抜進学類型 普通進学類型

〒170-0011 東京都豊島区池袋本町2-10-1 TEL.03-3988-5511（代表）
最寄駅：池袋／JR・西武池袋線・丸ノ内線・有楽町線 徒歩15分 副都心線 C6出口 徒歩12分
北池袋／東武東上線 徒歩7分 板橋区役所前／都営三田線 徒歩15分

http://www.hosho.ac.jp/toshima.htm

ノーベル賞受賞の化学者が多方面で成果を出せた理由は？

今月の1冊

『大村 智 2億人を病魔から守った化学者』

2015年（平成27年）、日本人として3人目となるノーベル生理学・医学賞を受賞した大村智さん。

エバーメクチンと名づけられ、寄生虫やダニ、ハエの成虫・幼虫などを殺虫するのに大変な効果を発揮する化合物を発見した功績で同賞を受賞した。

このおかげでさまざまな寄生虫などによる病気の被害を防ぐことができ、なかでもアフリカで猛威をふるっていたオンコセルカ症（線虫・ミクロフィラリアによって失明にいたる）予防にきわめて有効な効果を示したことが知られている。かつてオンコセルカ症が猛威をふるった地域でさえも、今後はこの病気によって失明する心配がなくなったほどだ。

それ以外にもさまざまな功績を化学者として残してきた大村さんは、1935年（昭和10年）に山梨県北巨摩郡神山村（現・韮崎市）の農家に生を受けた。広大な自然のもとで成長し、山梨大を卒業すると、東京で夜間高校の教師となる。

この時点では、まだ化学者として生きていくという明確な思いがあったわけではなかった。しかし、教員1年目に、生活のために仕事をしながら、それでも勉強をしたいと学校に通ってきている生徒たちから影響を受けて、昼間に東京理科大の大学院に通いながら教員を続けることに。

そうして研究者としての道を志すことになる大村さんの生い立ちから、ノーベル賞受賞前までの多彩な研究活動、社会貢献活動などを丹念に綴ったのが『大村智　2億人を病魔から守った化学者』だ。

大村さんは、研究成果はもちろん、のちに所属することになる北里研究所の経営再建や、女子美術大への支援などにも手腕を発揮してきた。埼玉の私立・開智高などの学校法人開智学園の名誉学園長でもある。

読めば読むほど、その功績に驚かされるが、彼がどうしてそんなに多大な成果を収めることができたのか。「天才」だから？　決してそうではない。その答えをぜひ本書から見つけ出してほしい。

『大村 智　2億人を病魔から守った化学者』
著／馬場 錬成
価格／2100円＋税
刊行／中央公論新社

かえつ有明高等学校

［共学校］

KAETSU ARIAKE Senior High School

問　高校で学びたいものは何ですか?
問　それは一生使えるものですか?

かえつ有明高等学校は、日本の教育が大きく変わり、グローバル時代となるこれからの社会で必要となる能力を育む、特色ある学習プログラムが用意されていることで注目を集めている学校です。その教育内容についてご紹介します。

「学びたいから学ぶ」

タイトルにある2つの質問は、かえつ有明高等学校（以下、かえつ有明高校）の学校案内の表紙をめくって最初に目に飛び込んで来る質問です。

このような質問をすれば、当然様々な回答が返ってくるでしょう。全員の答えが違うかもしれません。全員が違う答えに学校側は対応できるのでしょうか。

それを対応するとしているのが、かえつ有明高校です。

東京大学に連続して合格者が出ていたり、海外大学への合格者も出ていたりする学校だから、学ぶということの蓄積は大きなものがあります。

英語ひとつを取り上げてみても、単なる受験英語を教える学校ではありません。かえつ有明高校では英語と言わずに「Language Arts」と呼んでいます。これは外国人が英語を学ぶという姿勢ではなく、英語圏の人が英語を学ぶ時の言い方を用いることで、英語圏の人が英語をどのようにとらえているのか、その背景・文章を学ぼうというものです。

だから、入学後すぐにイギリスのケンブリッジ大学に、2週間の研修に全員で行きます。そこでは英語を学ぶだけでなく、プレゼンテーションやディスカッションも行いながら、自分が感じたことを他者はどのように感じたか、それを英語で相手に伝えることができたか、様々な視点からとらえていきます。

また午後には街に出て英国から様々なものを学んできます。翌日にはその学んできたものをテーマに英語を学び、プレゼンテーションやディスカッションを行います。学ぶ（入れる）→プレゼンテーションやディスカッション（出す）を繰り返すことによって自分のものにしていきます。

単なる詰め込みでない学びがかえつ有明高校にはあります。

これは英語だけでなく、全教科に通じることです。

学校案内の中ほどでは、こんな問いがあります。

「黒板を向いて座り、ノートをとるだけの授業を、あなたはあと何年受け続けられますか?」

待っていて教えてもらうだけではない学習がかえつ有明高校にはあるから、このような問いが発せられます。一生使える学びを、かえつ有明高校から始めましょう。

SCHOOL INFORMATION

住　所　■東京都江東区東雲2-16-1
電　話　■03-5564-2161
アドレス　■http://www.ariake.kaetsu.ac.jp/
アクセス　■りんかい線「東雲駅」徒歩８分

学校説明会
10月22日（土）　14:30〜
11月３日（木祝）10:00〜
11月26日（土）　15:00〜
12月３日（土）　14:30〜

帰国生対象説明会
10月15日（土）　14:30〜
11月５日（土）　14:30〜

入試体験会
12月３日（土）９:00〜12:00

●推薦・単願・併願生徒・特待生、内申優遇制度あり

推薦・単願	５科20程度
併願	５科21程度
特待生制度	５科23程度

サクセスシネマ

SUCCESS CINEMA

VOL.80

ヒーローはつらいよ

スパイダーマンTM

アメリカ／2002年
監督：サム・ライミ

『スパイダーマンTM』
Blu-ray発売中
2,381円＋税
発売・販売元：ソニー・ピクチャーズ エンタテインメント

クモの能力を使って悪と戦う

アメリカの人気コミックを実写化した作品。クモの特性を持ったヒーローが主人公です。

ピーターはごく普通の高校生。そんな彼が、社会科見学である研究室を訪れた際に、遺伝子改良が施された新種のクモに刺されてしまいます。これを機にピーターは、壁を這(は)い登ることができたり、手から糸を出すことができたりと、クモのような能力を手に入れ、スパイダーマンとしての人生を余儀なくされます。正義か、悪か。その存在をめぐって世間で議論が交わされるなか、スパイダーマンは、ある戦いに巻き込まれていきます。

ヒーローの正体が、ごく普通の人であることはよくあるパターンですが、ピーター自らがデザインしたタイツ姿に身を包んだスパイダーマンは、よりいっそう人間味が感じられ、行動や心理にも共感を得られることでしょう。

高層ビル街を、クモの糸を張りめぐらし、縦横無尽に往来するシーンは迫力満点。世界中で人気を博した本作は3編まで続編が制作され、さらに2012年（平成24年）には新シリーズも制作されています。

Mr.インクレディブル

アメリカ／2004年
監督：ブラッド・バード

『Mr.インクレディブル』
MovieNEX発売中／デジタル配信中
4,000円＋税
発売／ウォルト・ディズニー・スタジオ・ジャパン

スーパーヒーローが失脚!?

特殊な能力を持って生まれたスーパーヒーローたち。彼らが社会から追放されるという異色のヒーロー映画です。

人々にとって、スーパーヒーローは頼れる存在であり、憧れの存在でした。しかし、ある日、スーパーヒーローの1人、Mr.インクレディブルは助けた人々から余計なことをするなと反感をかってしまいます。それを機に、スーパーヒーローたち全員が失脚することになり、能力を隠し一般人として暮らしていくことになるのでした。それから15年が経ち…。

凡人とは違う能力を持っているがゆえに、しばし謙虚さを欠いてしまったスーパーヒーローをチクリと風刺しつつ、真のヒーロー像を追求していく本作。スーパーヒーローとは、生き方や、言動もまた人々に大きな影響を与える存在であることが伝わってきます。

車を軽々と持ち上げるすさまじいパワーや、自由自在に身体を伸ばすことができる能力など、スーパーヒーローたちのさまざまな特殊能力にワクワクし、彼らの人を助けずにはいられない優しい心に魅了されることでしょう。

女子ーズ

日本／2014年
監督：福田雄一

『女子ーズ』
Blu-ray発売中
4,800円＋税
発売・販売元：キングレコード

普通の女子5人がヒーローに

みなさんが、今日からヒーローとして地球のために戦わなければならない、なんてことになったらどうしますか？

ある日、5人の女性がチャールズという怪しげな男性のもとへ集められ、地球の平和を守るために戦うことを命じられます。その名も「女子ーズ」。彼女たちに特殊な能力があるのかと思いきや、なんと名字に赤、青、黄、緑、紺と色にまつわる漢字が入っているのが選ばれた理由です。5人はそれぞれ仕事や夢を持ちながらも、指令があらば悪と戦う多忙な日々を過ごします。しかしそんな毎日に無理が生じ始め…。「女子ーズ」は、地球の平和は、どうなるのでしょう。

戦隊ヒーローと普通の女子たち。相対する存在ではありますが、いまを懸命に生き、等身大のヒーローである彼女たちを応援せずにはいられません。戦隊ヒーローとしての生き方も、1人の女性としての生き方も、決断し行動し、どう生きていくかは、自分次第であることを教えてくれます。劇中に登場する怪人との戦闘の様子や、司令官との会話のやり取りなど、コメディシーンも満載です。

なんとなく得した気分になる話
先生
生徒
身の回りにある、
知っていると勉強の役に立つかも
しれない知識をお届け!!

ゴミ袋の「リットル」はどう計る?

今週は掃除当番かい?

はい。あっ、先生! ゴミ袋、ほしいんですけど。

OK。何ℓのゴミ袋?

えっと、大きいのがほしいです。

大きいのは確か90ℓだったかな。それでいい?

体積で言われても全然イメージできない…。

体積でなくて、容積でしょ? ゴミ袋の中身は空っぽだから。

あっ、すみません。容積です。というか、普段教室で使う大きい袋をください。

いつもと比べて丁寧でえらいなあ。じゃあ、多分45ℓかな。はい、これ。

ありがとうございます。

本当、いつもと違って、礼儀も正しくて気持ち悪いなあ…。

たまにはね(笑)。あれ? 先生! このゴミ袋、45ℓのところに650mm×800mmって書いてある。

そうだね。大抵この数字が書いてある。

でもどうして、650mm×800mmで容積が45ℓになるの? 高さが書いてないのに。

ゴミ袋を広げて円柱を作るんだ。

円柱??

そう。円周が650mm×2=1300mm=130cmとなる円を底面とした高さ800mm=80cmの円柱をね。

それで本当に45ℓになるの?

計算してごらん。

あっ、いまは、掃除当番で忙しいので、あとでやっておきま〜す。

あと回しにしない!

コワイ!

仕方ない、キミが掃除当番だから代わりに私がやってあげよう。電卓使うけどね…(笑)。

よろしくお願いします。

ほんと、今日のキミは礼儀正しくて…じゃあ求めるよ。円周が130cmの円周の直径は130÷3.14≒41.4cm
半径はこの半分だから、およそ20.7cmだ。ということは、底面積はこの円の面積だから
20.7×20.7×3.14≒1345.46cm^2
さらに高さは、この袋を広げたときに底面の直径ぶんだけ小さくなり、さらに結び目の部分を5cmほど取るんだ。すなわち、800mm、つまり80cmから直径の41.4cmと結び目の5cmを引いて33.6cmだから、体積はおよそ
1345.46×33.6=45207.456cm^3
1ℓ=1000cm^{3}だから、これを1000で割ると、大体45ℓになるんだ。

へ〜本当だ。最後の結び目の部分に5cm取るところなんて、気づかないや。本当、先生に教えていただけて嬉しいです。

今日のキミはホント気持ち悪いな…。いったいどうしたの?

掃除当番を早く終わらせて、早く帰りたいだけです。だって、先生、おだてればなんでもしてくれるでしょ?(笑)
できれば、ゴミ袋の計算も終わったので、そのゴミを袋に入れてもらってもいいですか? もうこれで帰れるので。
よろしくお願いします。

どうせ、そんなことだろうとは思ったけど、まあいいかな。

さすが先生!!

もういいよ…。

先生がすねたときは…。

そんな対処もしてあるんだ。相変わらずキミはそういうことだけはすごいなあ…。

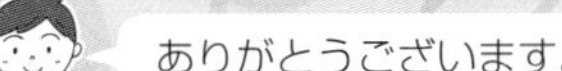

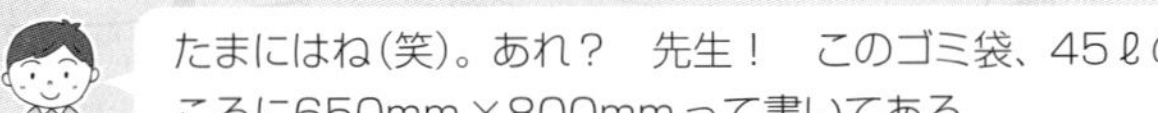

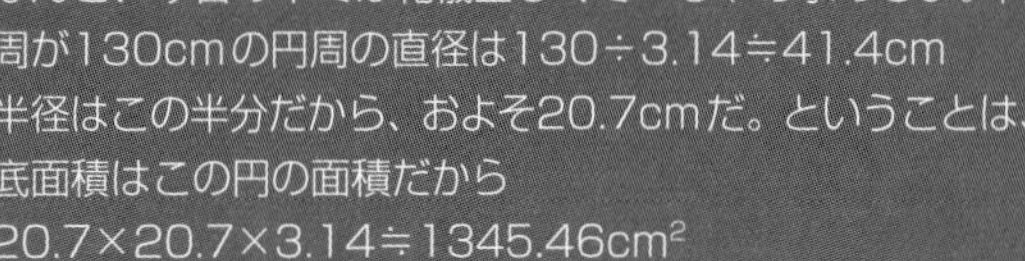
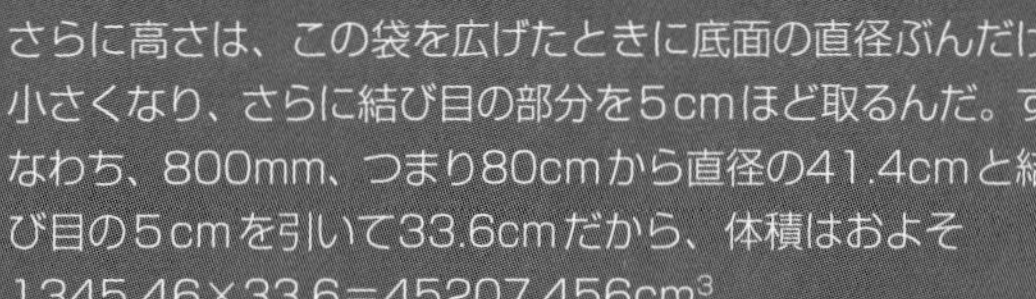
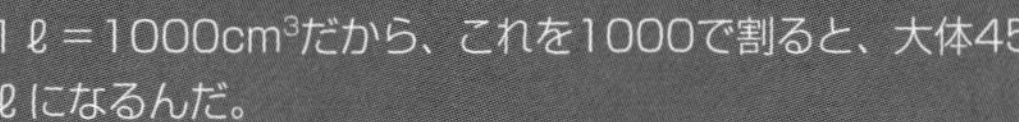

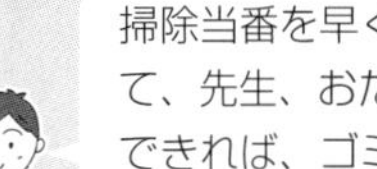
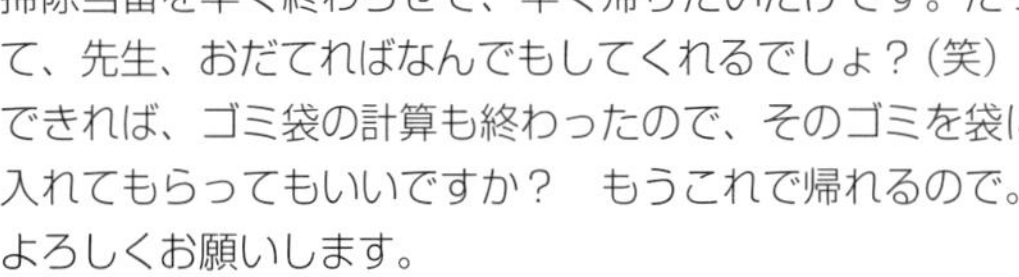

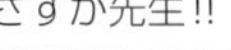

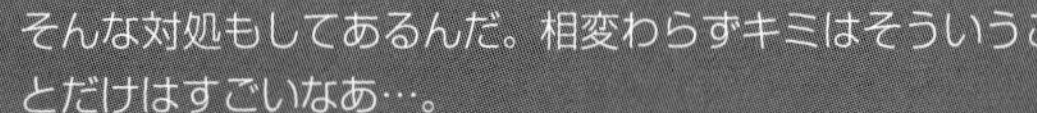

進路選択の多彩さが魅力

岩倉（いわくら）高等学校

新しい教育体制になって3年目の岩倉高等学校は、生徒の多種多様な希望進路に対応できるコース制を用意しています。

School Information

所在地　東京都台東区上野7-8-8
TEL　03-3841-3086
URL　http://www.tky-iwakura-h.ed.jp/

アクセス　JR山手線ほか「上野駅」徒歩すぐ、地下鉄銀座線ほか「上野駅」徒歩3分、京成線「京成上野駅」徒歩6分

［学校説明会］

すべて14:30～／予約不要

10月 8日㊏　10月22日㊏
11月19日㊏　11月26日㊏

普通科・運輸科の2科体制

普通科、運輸科の2科体制、そして、男子校から男女共学へと大きく舵を切って3年目を迎えた岩倉高等学校（以下、岩倉）。

岩倉だからこそ可能な多彩な進路の選択肢、それをサポートする3つのコース制（普通科）と特徴的な教育プログラムについてご紹介します。

普通科ではS特コースと特進コース、総進コースの3コースが設定されています。

S特、特進コースは国公立や早慶上理、G-MARCHなど、難関大学合格をめざすコースです。基礎学力をしっかりと固めたあと、高2から進路に応じて文系、理系に分かれ、授業に加えて課外授業や集中講義を行い、難関大学受験に不可欠な学力を養成します。両コースのカリキュラムは同じですが、S特コースはそれぞれの教科について、より深く学ぶことができるコースです。

S特、特進コースでは、高校３年間で難関大学合格をめざせるだけの学力を身につけます

総進コースは、一般入試を中心に、AO・推薦入試も視野に入れた大学進学が軸。さらに専門学校や就職にもしっかりと対応するカリキュラム構成になっています。

また、やる気と成績に基づき、希望する場合は特進コースからS特コースへ、総進コースから特進コースへの2年次からのコース変更も可能です。

岩倉伝統の運輸科は、鉄道業務全般について学ぶことができ、鉄道教育に加えて大学進学にも対応したカリキュラムになっているのが大きな特徴です。

運輸科の生徒は鉄道関係の就職を希望する生徒が大半ですが、全員が希望通りに就職できるとは限りません。3年次の9月に就職試験の結果が出たあとからでも、大学進学に切り替えてラストスパートをかけて、普通科と同様に講習や小論文・面接練習等受講しながら希望の進路に進んでいく生徒も多くいます。

また、運輸科ではサービス介助の内容を中心としたホスピタリティや旅行・観光業務についても専門的に学ぶことができるため、そうした専門知識を活かせる職種をめざす生徒もいます。

特別プログラム「チャレンジ」

昨年度から「チャレンジ」という特別なプログラムがスタートしています。「チャレンジ」は「現在の勉強が将来にどうつながっていくかを考える、学びの本質につながる」プログラムです。さまざまな取り組みに挑戦し、なかでも全員が取り組む「企業と連携して取り組むグループワーク」は特徴的で協力企業から課題をもらい、その課題解決のための調査やプレゼンテーションを行います。また、英語歌唱、英語劇、観光英語といったさまざまな英語学習や活動を通した取り組みなど、教科の枠を超えた活動をしています。

このように、他校とはひと味違う進路の多彩さ、学習カリキュラムが魅力の岩倉高等学校。上野駅からすぐというアクセスの便利さもあって、男女どちらからもますます人気が高まりそうです。

Communicative EnglishはEnglish expressionとoutputにおいて多様な表現力を身につけます

Question & Answer

理科で行う実験や観察はどう取り組むべきでしょうか？

理科の実験や観察について教えてください。入試ではそれらに関する問題も出されますが､内容と結果のみを覚えておけばいいのでしょうか。また、授業を受けるときに気をつけておくべき点などはありますか。

（埼玉県所沢市・中3・KA）

内容と結果だけではなく目的、方法、注意事項などにも着目しましょう。

入試の場だけにとどまらず、理科では実験や観察は非常に重視されます。それは、自然科学という分野が、事実を正確にとらえたうえで、さまざまな事象を分析、研究することを基本としているからです。

ですから、入試における実験・観察に関する出題は、なぜその実験・観察をしたのか、どういった点に注目すべきか、そこからわかることはなにかというように、目的や結果を分析し、因果関係などまできちんと理解しているかどうかが問われることが多くなっています。実験の場合には、安全のために注意しなければいけないポイントを問う問題が出されることもあります。

たんに内容と結果が問われるだけではなく、こうした点まで問われるのは、入試を通じて知識を身につけるとともに、科学を探究する姿勢の大切さを実感してほしいという狙いがあると考えられます。

さて、こうした問題に対応するための具体的な準備についてです。1つひとつの実験を繰り返してみる時間はないでしょうから、教科書や参考書などに載っている写真や図を活用して、内容を確認していきましょう。基本的に学校の授業で行ったものが出題されますから、授業で実験や観察を行う際は、目的、方法、注意事項などに気を配り、積極的に取り組んでください。それが入試においても、大きな力となっていくはずです。

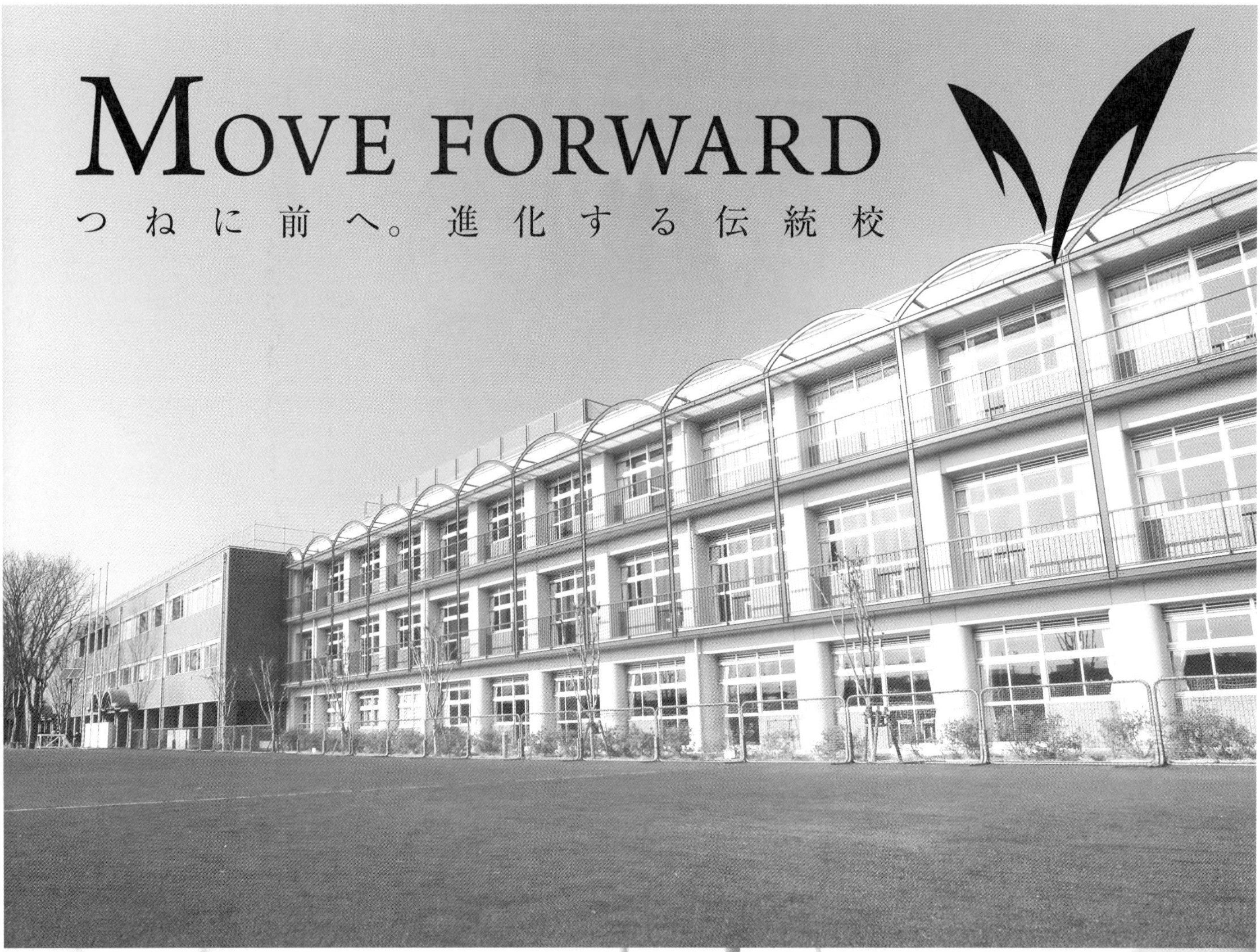

Success Ranking

志願したい大学ランキング

来年３月に卒業予定の高校３年生（関東在住）3925人を対象にアンケートをとった「志願したい大学ランキング」を紹介するよ。今年は調査開始以来初めて女子で早稲田大が１位に。それ以外はどんな違いがあるだろう。

全体ランキング

順位	大学名	区分	志願度(%)
1(1)	**明治大**	私立	13.1
2(2)	早稲田大	私立	12.4
3(3)	青山学院大	私立	10.1
4(5)	日本大	私立	7.9
4(6)	法政大	私立	7.9
6(4)	立教大	私立	7.4
7(7)	慶應義塾大	私立	6.7
8(8)	中央大	私立	5.5
9(9)	東洋大	私立	4.9
10(11)	千葉大	国立	4.3
11(10)	上智大	私立	4.2
12(12)	東京理科大	私立	3.6
13(15)	首都大東京	公立	3.5
14(19)	駒澤大	私立	3.2
15(15)	横浜国立大	国立	2.9
16(13)	筑波大	国立	2.8
17(29)	東海大	私立	2.6
18(19)	北里大	私立	2.5
18(19)	専修大	私立	2.5
18(28)	東京工大	国立	2.5
18(23)	東京大	国立	2.5
18(14)	明治学院大	私立	2.5

男子ランキング

順位	大学名	区分	志願度(%)
1(1)	**明治大**	私立	14.7
2(2)	早稲田大	私立	12.6
3(3)	日本大	私立	9.9
4(4)	青山学院大	私立	9.1
5(5)	法政大	私立	8.0
6(6)	中央大	私立	7.0
7(7)	慶應義塾大	私立	6.7
8(9)	東京理科大	私立	5.2
9(11)	千葉大	国立	4.9
10(10)	東洋大	私立	4.8
10(8)	立教大	私立	4.8
12(16)	首都大東京	公立	4.3
13(22)	東京工大	国立	4.1
14(12)	横浜国立大	国立	4.0
15(19)	東京大	国立	3.7
16(12)	上智大	私立	3.6
17(21)	駒澤大	私立	3.5
18(12)	筑波大	国立	3.4
19(28)	東海大	私立	3.3
20(16)	神奈川大	私立	3.2

女子ランキング

順位	大学名	区分	志願度(%)
1(4)	**早稲田大**	私立	12.1
2(1)	明治大	私立	11.4
3(2)	青山学院大	私立	11.1
4(3)	立教大	私立	10.1
5(6)	法政大	私立	7.8
6(7)	慶應義塾大	私立	6.7
7(8)	日本大	私立	5.8
8(9)	東洋大	私立	5.0
9(5)	上智大	私立	4.9
10(11)	中央大	私立	3.9
11(12)	千葉大	国立	3.7
12(10)	明治学院大	私立	3.6
13(22)	駒澤大	私立	2.9
14(16)	大妻女子大	私立	2.8
14(13)	北里大	私立	2.8
16(18)	首都大東京	公立	2.7
17(13)	日本女子大	私立	2.6
18(26)	國學院大	私立	2.5
19(21)	東京農大	私立	2.4
20(18)	成蹊大	私立	2.1
20(15)	筑波大	国立	2.1

※(　)内は昨年順位

「進学ブランド力調査2016」リクルート進学総研調べ

広大な自然の中で豊かな人間性を育む三年間

★ 大学受験に縛られないゆとりある高校生活

原則としてすべての生徒が日本女子大学へ推薦されることになっています。ゆとりの時間の中で自分の興味にしたがって深く学問を究めて、じっくり進路を考えていくことができます。

★ 盛んな自治活動

自ら考え、自ら学び、自ら行動する教育方針に基づき、話し合いや自治活動を重視しています。学校生活全般の運営、行事の企画・運営は生徒の手で行なわれ、達成感を味わう成果を挙げています。

2016年 学校説明会・公開行事

◆学校説明会 予約不要

11月12日（土） 14:00～

◆フリースタディ 要予約

9月17日（土） 9:30～

◆もみじ祭（文化祭）

10月29日（土） 9:00～16:00
10月30日（日） 9:00～15:30

日本女子大学附属高等学校
THE SENIOR HIGH SCHOOL AFFILIATED with J.W.U.

〒214-8565 神奈川県川崎市多摩区西生田1-1-1 TEL. 044-952-6705 FAX. 044-954-5450
小田急線読売ランド前駅より徒歩10分、京王線「京王稲田堤駅」「京王よみうりランド駅」よりバス10～15分

SEARCH 日本女子大学附属高等学校 GO

こちらのQRコード▶
からもホームページ
へアクセスできます

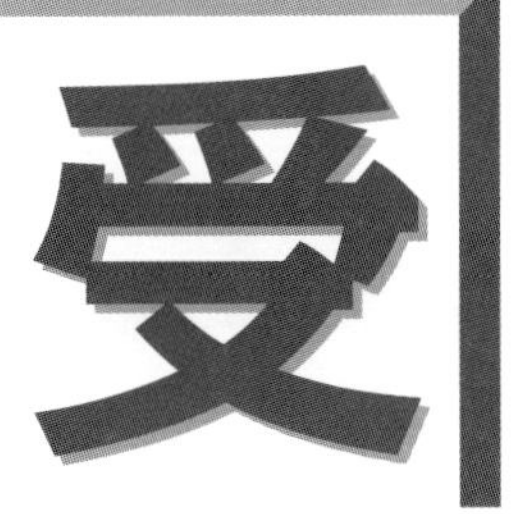

受験情報

入試問題のグループ作成を一部で自校作成に戻す

東京都教育委員会は、この春から始めた都立高校入試の「学力検査問題のグループ作成」について、一部を改めることとした。

「進学指導重点校グループ」と「進学重視型単位制高校グループ」は、2年後、従来の自校作成の形に戻し、各校が独自で求める生徒を選抜できる検査問題を作成することとした。

中学生等に対する周知期間を確保するため、この変更は現中2生が受検する2018年度入学者選抜からとなる。

「東京都立高等学校入学者選抜検討委員会」を設置して、この春（2016年度）の入学者選抜を検証し報告されたなかで発表されたもの。

グループ共通問題とすることで期待された「中学生の志望校の選択幅拡大」に寄与していないこと、グループによっては学校の特色や求める生徒に合わせて問題の差し替えを行わざるをえない状況になっていることなどから見直しをすることを決めた。

都立高校の来春入試制度について詳細をHPに掲載

東京都教育委員会は、都立高校への入学希望者向けパンフレット「平成29年度東京都立高等学校に入学を希望する皆さんへ」をホームページに掲載している。

来春2017年度の入試日程や入試の仕組み、マークシート方式の説明、自己ＰＲカードの書き方、都立高校の種類などについて紹介されているので、中3生は一度目を通しておくとよい。

そのほか、同パンフレットでは都立高校の種類と内容や、多様なタイプの学校紹介、入試に関するＱ＆Ａなどを掲載。都立高校の入試に向けた情報がわかりやすくまとめられている。

なお、推薦に基づく入試、学力検査に基づく入試（第一次募集・第二次募集・分割募集）などの詳しい内容については、11月上旬に、印刷して発行予定の「平成29年度東京都立高等学校募集案内」を参考にしたい。

Educational Column

15歳の考現学

家庭の所得格差が子弟の将来を支配してしまう実情を打破すべき

森上(もりがみ) 展安(のぶやす)

森上教育研究所所長。1953年、岡山県生まれ。早稲田大学卒業。進学塾経営などを経て、1987年に「森上教育研究所」を設立。「受験」をキーワードに幅広く教育問題を扱う。近著に『教育時論』（英潮社）や『入りやすくてお得な学校』『中学受験図鑑』（ともにダイヤモンド社）などがある。教育相談、講演会も実施している。
HP：http://www.morigami.co.jp
Email：morigami@pp.iij4u.or.jp

東京都における特殊な教育事情を理解したい

先日の都知事選の際、ある新聞社から受けた「新しい知事の教育についてなにを望むか」というインタビューで、筆者は東京都の特殊事情を強調しました。都内の大学進学率の高さとともに、私立高校生が都内高校生の6割を占める、という全国でも珍しい進学事情についてです。全国平均の大学進学率は49%。これに対して東京は64%にもなりそれだけ大学進学への同調圧力が高い。そのなかで、私立高、私立大学進学の比率が高い。つまり生活費としての授業料負担が重いという事実です。

一方で、家計は上向かず、多くのご家庭が、教育費の負担を減らさざるをえない、という状況にあります。

率直に言って上位の国立大や私立大進学、また、国立高校や名門私立高へ進学するには、入ってからの費用はもちろん、入るまでの費用も考えねばなりません。

確かにいまでは、私立進学者にも（親の年収が全体の中間より下の場合ですが）国と自治体から支援金が出ることで、以前のようにすべてが親の負担というわけではありません。

とはいえ、人と同じように大学をめざすにしても費用負担が重ければ公立高校を選択。それも成績がかなわなければ、やむなく序列下位の私立高校へ行き、そこで成績が振るわなければ大学は私立大学中位以下へ行く。こうなると就活の方も芳しい結果とはなりません。

つまり、相対的に貧困な家計であれば、その子どもたちも貧困になりがちなのがいまの東京の、中間層の実情ではないか、と指摘しました。

中間層とは大多数の都民であって一部の都民ではありません。

私立高校の数も都立高校の数も、以前と大きく変わってはいません。多くの私立高校は、少子化に対して経営の安定化をはかるため、中高一貫化を強め、高校からの間口を狭くして、一方で中学の入口を広げました。高入枠は以前と比べ狭き門となっています。

つまり、公立中学からの高校選択は公立高校が主にならざるをえないのですが、公立中位校に力がなければ、進学先、ひいては就職先が狭まります。中位都立高ではなく中位私立高に進んでいれば、よりマシな大学進学が予想できるのに、です。

これは大問題で、都立の「中の上」

に進学させようとすると、そもそも実技教科の内申がよく、入試のテストでは5科がしっかり得点できる必要があります。

都立「中の中」に志望を下げれば合格は可能です。それなら私立高校の方が入りやすくて出口がいい、かつ学校生活も魅力的です。

当然、そうなると私立人気は高まりますから、それなりの準備をしなければ合格できませんね。するとそこには塾の費用が発生します。私立「中」校に合格しても、たとえ支援金があっても公立高より家計負担が重いのが実情ですから、費用の違いが学校選択にかかわってきます。

今後のことを、学校の側からいえば、都立中位校がいまより出口がよくなり、入学のための試験もより多様化するのが望ましいということがでてくるでしょう。

他方、受験生の親からすれば、中間所得層までなら、公私問わず同じ費用で学校選択できるようにしてほしい、ということではないでしょうか。

いまは、家計のゆとりによって教育選択の幅が大きくなったり、狭まったり、そして選択の幅が狭ければ、進路選択も狭く、生涯賃金が貧しくなる傾向がある、といえます。

だからといって、少しでも家計にゆとりがあれば、学校選択の幅を広げ、より本人の活躍できる学校に行かせたい、という親や本人の希望は決して責められることではありません。当然の、よく生きようとする本来のあり方です。これが家庭の所得に大きく制約される現状は、変更されてしかるべきだと思います。

もちろん、都に財政的ゆとりがなくてはそんなことはいえないのですが、比較的豊かな資金がありますから、政策として実行できないわけではないでしょう。

施設が足りない、ということでもありません。

むしろ私立高校は、都立高校と分けあった受け入れ比率の収容枠を満たしきれていないのが実情です。

私立への教育支給金が、年収中位の家庭にも厚く手当てされる制度になれば、学校選択は、より私立高に傾き、都立高は定員確保に苦しむ、という事態に陥らないとも限りませんが、そういう競争環境を用意しないと、都立中位校の魅力化は進まないともいえます。

そうなると、公務員である都立の先生があまることになりますが、そうなったら手の足りない私立高の先生として出向できる制度にしておけば、人件費のムダも省けるでしょう。その逆もありとして、人事交流を促す仕組みがあれば教員の質も、より向上するはずです。

所得中間層の子弟が考えておくべきことは

そうはいうものの、ただ環境を競争的にすれば万事が解決する、というわけでもありません。

そもそも学校運営について、教科研修以外にマネジメントの研修も必要なはずですが、前者は十分とはいえず、後者は用意すらされていないともいえます。これらは教員文化がしっかりすることで維持されてきたのですが、それは教員の独立性（プロフェッショナル）によって担保されてきました。

こうなると、一方で教員の独立性を確保し、一方で資格職らしい振舞いを要求するという両面の要請を1人の人格のなかに実現する、ということになります。

そうした場合の人材の育成は、基本は上下関係よりパートナーシップによる横の関係であり、運営にはチームとしての活動を活発にしていくスタイルが機能します。

外部の制度改革と、内部の人事政策とがうまく機能して学校運営は活発になっていきます。

そんなことは受験生からすれば見えないことでしょうから、比較的学校文化が高いところを選べば正解です。なぜなら、学校運営がうまく機能しているところは、対外的な反応もよいですし、そのよさこそが求められているからです。

ひるがえって、成績中位の都立を成績的に選択しなければならないとすれば、より同じ学力で受けやすい私立高校を併願し、どちらかというと合格可能性の明確な私立に向けた対策を立てるべきでしょう。

学納金の公私の差は、親の年収によって支給金が異なり、中位の所得の場合は、公私でそれなりの差があります。ただ、どうしても都立でなければならないという低所得層であれば、私立に行ってもほぼ同じくらいしかかからないだけの支給金になっています。

中位の所得の場合、右記「それなりの差」である親の負担を自覚して将来の年収増につなげていく見通しを持てるかどうか。受験生本人が問われています。

首都圏私立高校 来春以降の入試変更点

このコーナーは、首都圏の私立高校について知識を得ていただいたり、その動向をお知らせするページです。今回は、中3生が受験する2017年度、中2生が受験する2018年度の私立高校入試について、共学化の動きや校名変更、募集再開、募集停止など各校の入試変更点についてまとめました。

入試システム変更は毎年どこかが必ず

私立高校では、入試システムを変更する学校が毎年必ず出てきます。さらに、共学化するなど、学校の性格そのものまで変更するところもあります。

入試システムの変更は、公立高校の入試制度の変更に影響される場合や、私立高校同士の競争によるものなどさまざまです。

競争による変更は、春に終了した入試の募集結果、とくに定員充足を果たせたかどうかに影響されます。

また、入試日を変更する学校があることによって、その学校の併願校や、偏差値が似た学校、通学地域が重なる学校などが玉突き的に入試日を変更していく場合もあります。

公立高校の入試制度の変更は、各都県内でいっせいに変更されますが、私立高校は、各校それぞれが独自に変更していきます。「前年の通りだ」と思い込まずに、受験を考えている学校についてはホームページをこまめにチェックして、あとで慌てることのないようにしましょう。

■続く共学人気

首都圏では、男子校や女子校から共学に移行する学校が話題を集めることが多くなっています。共学化により周辺の私立高校の併願パターンが変わるほどの影響が出ることもあります。

例えば、東京では、2014年度(平成26年度)入試で**岩倉**と**安田学園**が共学募集して人気を呼びました。また、2015年度(平成27年度)の**東洋大京北**(京北学園白山から校名変更、文京区の新校舎に移転)、**三田国際学園**(戸板女子から校名変更)も共学化によって受験生を多く集めました。

これらの私立高校の動向で、東京都の東側の私立高校は勢力分布に変化が出たほどです。

神奈川では、2016年度に**法政二**が男子校から共学化し、これも大変厳しい入試となりました。

共学化の波はここにきて沈静化してはいますが、後述する通り、来春以降、東京、神奈川で共学化する学校が数校あります。

■めだつ特進コースの設置

私立高校では全国的な動きとして、特進コースや選抜コースなどを設置し、進学指導に力を入れている学校だとアピールするところが多く見られます。

最近では、特進を文系と理系に分けたり、さらに文系を文理特進、理系を医歯薬系や薬学系に細分化する学校も出てきました。

また、進路志望によって細かく類型化して募集するケースもあります。

ここ数年でも、**駒込**のスーパーアドバンス、**京華**のスーパー特進コース、安田学園のS特、岩倉のS特、**東京成徳大高**のSクラス、**藤村女子**のS特（いずれも東京）などがあり、埼玉でも**開智**が最上位コースとしてTコースをスタートさせ、千葉でも**敬愛学園**が進学αコースを新設するなど、特進コースのなかで、さらに選抜的なクラスを設置する学校が増えています。

■実業系からの大学進学重視

東京の**京華商業**、**村田女子**などのように、通常の進学コース以外の実業教育（本来は高校卒業後に就職を考えていたコース）を施しながら、小論文、英語、情報処理、簿記などの能力を高め、その資格を活かした自己推薦やAO入試による大学進学をめざす学校が多くなってきました。

大学進学実績が出てくると、そのような実業系の私立高校も人気を集めるようになってきました。

以前は、このような実業系の学校への受験生のなかには、「なんとなく」とか「高校と名のつく学校には行っておきたい」という安易さがめだちましたが、これからは「自分はなにをしたいのか」「自分にはどのような適性があるのか」を理解しておき、前向きな姿勢、プラス思考があれば、授業のコマ数も多く大変さはありますが、大学進学も十分に視野に入れることができます。

2017度私立高校入試はここが変わる

■高校募集再開

【東京】

●麹町学園女子

・募集を再開し、高大連携を推進するクラス「東洋大学グローバルコース」を新設。募集定員80名の予定。

【神奈川】

●聖ヨゼフ学園

・募集を再開し「総合進学コース」と「アドバンスト・イングリッシュコース」の2コース制となる。募集定員40名の予定。

■高校募集停止

【千葉】

●東邦大東邦　募集停止（完全中高一貫化による）

■学科・コース改編と名称変更

【東京】

●神田女学園　「グローバルコース」新設。ネイティブと日本人の「2人担任制」。北米、オセアニア、中国から選べる留学（3カ月、6カ月、1年）が必修。

●**錦城**「普通コース」→「進学コース」に。

●**駒込**「理系先進コース」新設。

●**帝京**「文理コース」→「進学コース」に。

●**東亜学園**「普通科体育コース」を募集停止。

●**日本音楽**「普通科幼児教育コース」→「音楽科幼児教育コース」に。

●**日本工大駒場** 機械科・建築科・電子情報システム科を統合して創造工学科に。国際工学科は募集停止。

●**日大豊山女子**「特進クラス」（名称未定）を新設。

●**朋優学院** 調理科・デザイン科廃止

【神奈川】

●**大西学園** 商業科を募集停止。

【千葉】

●**敬愛学園**「人間科学コース」を募集停止。

●**芝浦工大柏** 後期入試廃止

●**日出学園**「特進コース」（仮称）を新設。

【埼玉】

●**浦和麗明**「ペットマネジメントコース」、「福祉進学コース」を募集停止」。※浦和麗明は2015年度に旧・小松原女子から校名変更。

【茨城】

●**茗渓学園**「国際バカロレアコース」を新設。

■共学化

【東京】

●**芝浦工大附属** 高校のみ共学化。同時に芝浦工大高から校名変更。

●**新渡戸文化** 共学化。中学は2014年にすでに共学化。

■校名変更

【東京】

●**芝浦工大附属** 芝浦工大高から校名変更。同時に高校のみ共学化。

2018年度私立高校入試はここが変わる

■共学化

【東京】

●**開智日本橋学園** 共学化。同時に日本橋女学館から校名変更。

【神奈川】

●**青山学院横浜英和** 共学化（ただし高校募集なし）。

●**法政国際** 共学化。同時に法政女子から校名変更。

■校名変更

【東京】

●**開智日本橋学園** 日本橋女学館から校名変更。同時に共学化。

【神奈川】

●**法政国際** 法政女子から校名変更。同時に共学化。

※今後も入試制度の変更を発表する学校があります。

生徒主体の創造的教育をつくる

第一志望大学への現役進学を力強くサポートする3つのコース

知の構造を革新　S特コース
グローバルな探究力を育て、東大などの最難関国立大を目指す

本質的な学びを育成　特進コース
自ら学ぶ力を高度に育て、難関国公立大・早慶上理を目指す

自ら考える力を育成　進学コース
高度な基礎学力を育て、GMARCH・中堅私大を目指す

◆高等部教育方針

「自ら考え学ぶ」力を養う授業と、論理的探究力や問題発見・解決力、表現力を養う「探究」(S特)、「ライフスキル」(特進・進学)の授業により、難関大進学はもちろん、将来も自分自身を成長させ続けられる自ら考え学ぶ創造的学力を育成します。

さらに、豊かな人間力を培うオリジナルテキスト「人間力をつける」により、その学力をグローバル社会に活かし、貢献できる人間力を育てます。

グローバル社会への貢献

第1志望大学への現役進学を目指す

自ら考え学ぶ創造的学力・人間力の育成

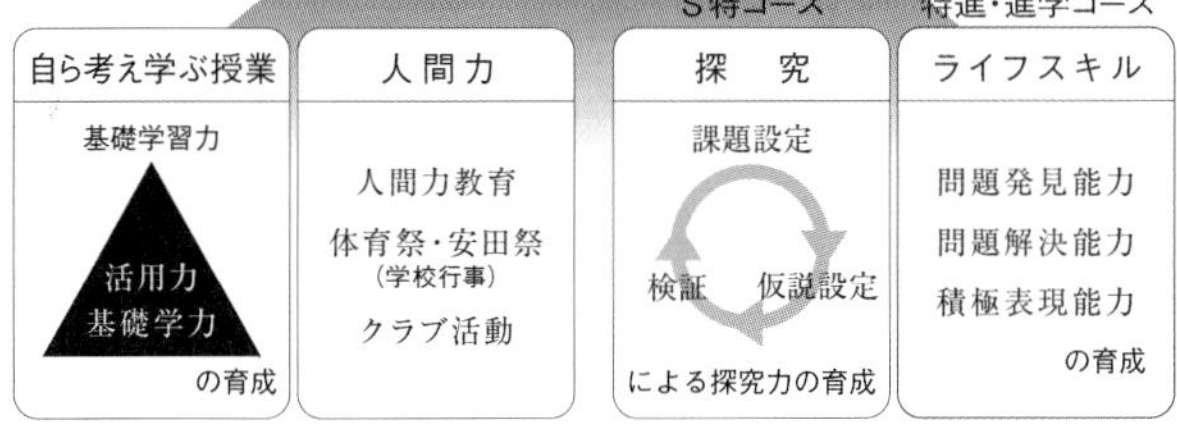

◆特進・進学コースの取り組み

学問への強い関心を持たせると同時に、高度な基礎学力と基礎学習力を育てます。また、目標に向かう意欲を高めることにより、グローバル社会に貢献できる資質や能力を培います。授業では、自分で考えることによる知識や考え方を学び取る学習、繰り返しなどによる着実な積み上げ学習を大切にし、それらを関連付けて学ぶ総合的学力へと発展させ、第1志望大学への現役進学を実現します。

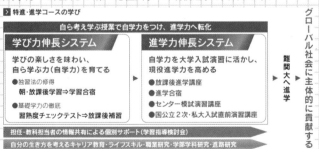

特進・進学コースの学び

自ら考え学ぶ授業で自学力をつけ、進学力へ転化

学び力伸長システム
学びの楽しさを味わい、自ら学ぶ力(自学力)を育てる
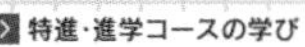
●独習法の修得
朝・放課後学習⇒学習合宿

●基礎学力の徹底
習熟度チェックテスト⇒放課後補習

進学力伸長システム
自学力を大学入試演習に活かし、現役進学力を高める
●放課後進学講座
●進学合宿
●センター模試演習講座
●国公立2次・私大入試直前演習講座

▶ 難関大へ進学 ▶ グローバル社会に主体的に貢献する

担任・教科担当者の情報共有による個別サポート(学習指導検討会)

自分の生き方を考えるキャリア教育・ライフスキル・職業研究・学部学科研究・進路研究

◆安田学園、躍進!!

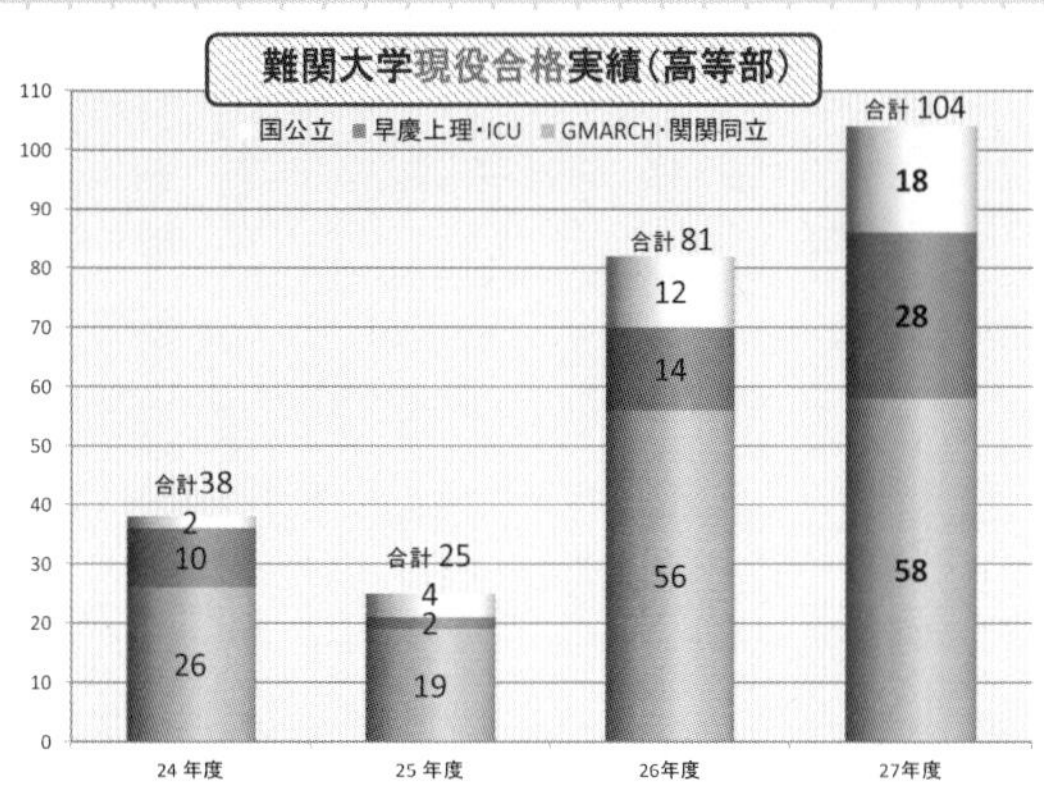

◆S特コースの取り組み

S特コースでは「一人ひとりに最適なアシストを」をスローガンに、放課後の弱克服講座や進学講座(約2時間)、夏・冬休みの『東大対策講座』などきめの細か補習・講座を数多く用意しています。

また、入学直後の生徒は能力も得意・不得意科目も人それぞれです。その生徒一ひとりに対し「高校生としての」学習法や「自ら考え学ぶ」とはどういうことなのをレクチャーする入学前の【事前全体説明会】を皮切りに、S特コーススタッフ員の熱意あふれる万全なサポート体制で生徒一人ひとりの目標の実現を応援しいきます

探究　S特コース

1・2年で行われる「探究」の授業では、自分なりの疑問を見つけ、それについての仮説を立て、検証を行うというサイクルを体験していきます。その過程を通じて、より高次なレベルの疑問が生まれ発展していくといった創造的思考力が育まれていきます。1年次では、文系・理系のそれぞれの実際のテーマでのグループ探究を通し探究基礎力を習得、論文を作成します。2年次には、それを英訳しシンガポールにおいて現地大学生にプレゼン、そのテーマについてディスカッションします。そしてこれらの集大成として個人でテーマを決めて探究を行い、安田祭で発表します。

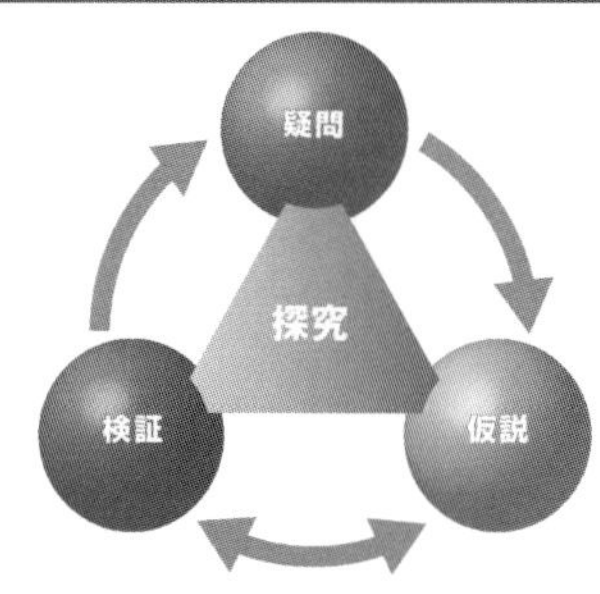

平成29年度 高校入試 学校説明会(予約不要)

9月17日(土) 10:00〜 14:30〜

10月8日(土) 10:00〜 14:30〜

11月5日(土)14:30〜

11月26日(土)14:30〜

12月3日(土)14:30〜

安田祭(文化祭)
10月29日(土)・10月30日(日)
10:00〜15:00
入試相談会を開催します
※掲載している日程以外でも学校見学個別相談ができます。事前にお電話でお申し込みください。
※各回とも入試相談コーナーを設けております。
※予約申込方法など詳細は本校ホームページをご覧ください。

安田学園高等学校
〒130-8615 東京都墨田区横網2-2-25
E-mail nyushi@yasuda.ed.jp
入試広報室直通 0120-501-528 FAX.03-3624-264
交通アクセス JR両国駅から徒歩6分 都営大江戸線両国駅から徒歩3
ホームページ http://www.yasuda.ed.jp/ 安田学園 検

首都圏の高校で国公立大＋早慶上理の「占有率」を伸ばしたのは？

安田教育研究所　副代表　平松 享

今春、首都圏4都県の高校から国公立大や早慶上理に合格した件数を調べ、地域別、設置者別に5年前と比較。また、各校合格件数を卒業生数で割って、「占有率」を出し、その値の高い公立校や、伸びの大きい学校を地域ごとに並べました（データは㈱大学通信が調べた資料から安田教育研究所が集計。順位などを含み数値は暫定的なものです）。

首都圏全体で約4400件の増加

【表1】では、首都圏（東京、神奈川、千葉、埼玉）の高校等から、「国公立大」、「早慶上理」（早稲田大、慶應義塾大、上智大、東京理科大）、「難関国立大」（東京大、京都大、一橋大、東京工大、北海道大、東北大、名古屋大、大阪大、九州大、東京医科歯科大、神戸大）について、2011年と今春の合格件数（現浪計）と、伸び率を地域別、設置者別にまとめました。

今春、国公立大への合格件数は、首都圏全体で1万7716件ありました。2011年の1万5357件より、約2400件増えて、5年前の115%に伸びています。

これに早慶上理の増加数を加えると、「国公立大」＋「早慶上理」の5年間の増加件数は約4100件で、合格件数の合計は5年前の109%に増大しています。

首都圏の高校生の目が、北海道大、九州大など、地方の旧帝大や、横浜国立大など近郊の国立大学に向けられるようになったこと、公立高校から「早慶上理」への受験者が増えたことなど原因はさまざまですが、首都圏では、この5年間に「大学合格力」を高める高校が、次々と現れてきたことは確かです。

増加率では公立が私立を上回る

「国公立大」＋「早慶上理」の合格件数の増加の模様を地域別にみると、増加件数では、東京が2669件増でトップ、神奈川が1418件増、千葉が435件増で続きましたが、埼玉では減少しています。

設置者別では私立が2035件増と、公立の1947件増を大きく上回り、国立は105件増と、小幅な増加にとどまりました。

一方、増加率では、公立が5年前の111%と、私立の107%を抑え、大きく伸ばしました。

「難関国立大」では、1都3県合計で982件の増加、124%に伸張しました。増やした順では、東京の私立が305件増、東京の公立が257件増、千葉の私立が149件増、神奈川の公立が105件増などでした。

増加率では、千葉の私立が5年前の185%に、東京の公立も157%と、大幅な伸びを示しました。

千葉では、**渋谷教育学園幕張**など

【表1】４都県の難関大合格件数の増減

所在地	設置者	国公立＋早慶上理					難関国立大学					早慶上理				
		11年	⇒	16年	増減	率	11年	⇒	16年	増減	率	11年	⇒	16年	増減	率
1都3県計	国立	1,665	⇒	1,770	105	106%	326	⇒	354	28	109%	1,082	⇒	1,113	31	103%
	公立	17,745	⇒	19,692	1,947	111%	1,285	⇒	1,702	417	132%	10,983	⇒	11,600	617	106%
	私立	28,044	⇒	30,079	2,035	107%	2,542	⇒	3,079	537	121%	20,032	⇒	21,104	1,072	105%
	合計	47,454	⇒	51,541	4,087	109%	4,153	⇒	5,135	982	124%	32,097	⇒	33,817	1,720	105%
東京	国立	1,665	⇒	1,762	97	106%	326	⇒	354	28	109%	1,082	⇒	1,112	30	103%
	公立	5,432	⇒	6,906	1,474	127%	447	⇒	704	257	157%	3,439	⇒	4,250	811	124%
	私立	15,555	⇒	16,653	1,098	107%	1,541	⇒	1,846	305	120%	11,579	⇒	11,999	420	104%
	合計	22,652	⇒	25,321	2,669	112%	2,314	⇒	2,904	590	125%	16,100	⇒	17,361	1,261	108%
神奈川	公立	4,274	⇒	4,967	693	116%	276	⇒	381	105	138%	2,813	⇒	3,120	307	111%
	私立	5,877	⇒	6,602	725	112%	622	⇒	682	60	110%	4,203	⇒	4,718	515	112%
	合計	10,151	⇒	11,569	1,418	114%	898	⇒	1,063	165	118%	7,016	⇒	7,838	822	112%
千葉	公立	3,726	⇒	3,721	(5)	100%	252	⇒	275	23	109%	2,212	⇒	2,090	(122)	94%
	私立	2,907	⇒	3,347	440	115%	176	⇒	325	149	185%	2,100	⇒	2,251	151	107%
	合計	6,633	⇒	7,068	435	107%	428	⇒	600	172	140%	4,312	⇒	4,341	29	101%
埼玉	公立	4,313	⇒	4,098	(215)	95%	310	⇒	342	32	110%	2,519	⇒	2,140	(379)	85%
	私立	3,705	⇒	3,477	(228)	94%	203	⇒	226	23	111%	2,150	⇒	2,136	(14)	99%
	合計	8,024	⇒	7,583	(441)	95%	513	⇒	568	55	111%	4,669	⇒	4,277	(392)	92%

☆難関国立大…東京大、京都大、一橋大、東京工業大、北海道大、東北大、名古屋大、大阪大、九州大、東京医科歯科大、神戸大。
★合計には埼玉、千葉の国立校を含む。資料のそろわなかった学校を除く。括弧は減少。

が、東京では、公立中高一貫校の**立川国際**や進学指導重点校の**日比谷**などが合格者を伸ばしています。私立の学校改善や公立の進学支援策が実を結んできたようです。

「占有率」40％超 首都圏に60校

次に、合格件数を、卒業生数で割った「占有率」で比べてみましょう。首都圏の公立校で「国公立大」＋「早慶上理」の「占有率」の高い学校の順に並べると次のようになりました（「占有率」40％以上）。

《順位、学校名、「占有率」、合格件数》

東京

①日比谷（224％、717件）、②**西**（175％、540件）、③**国立**（164％、512件）、④**小石川中等教育**（137％、203件）、⑤**両国**（118％、232件）、⑥**戸山**（116％、361件）、⑦**青山**（112％、317件）、⑧立川国際中等教育（107％、159件）、⑨**武蔵**（103％、196件）、⑩**八王子東**（100％、324件）、⑪**桜修館中等教育**（93％、139件）、⑫**新宿**（90.9％、289件）、⑫**立川**（90・

9%、289件）、⑭白鷗（63%、145件）、⑮富士（61・7%、118件）、⑯国分寺（61・5%、192件）、⑰駒場（54・44%、196件）、⑱南多摩中等教育（54・42%、80件）、⑲大泉（51%、98件）、⑳小山台（44%、156件）、㉑国際（43%、103件）、㉒竹早（40・9%、112件）、㉓三鷹中等教育（40・8%、62件）

神奈川

①湘南（166%、598件）、②柏陽（132%、371件）、③横浜翠嵐（128%、486件）、④相模原中等教育（97%、149件）、⑤市立横浜サイエンスフロンティア（95%、220件）、⑥川和（87%、273件）、⑦平塚中等教育（70・4%、107件）、⑧厚木（69・6%、247件）、⑨横浜緑ケ丘（64%、176件）、⑩横須賀（54%、151件）、⑪平塚江南（52%、164件）、⑫横浜桜陽（50%、1件）、⑬希望ケ丘（49%、156件）、⑭光陵（48%、134件）、⑮多摩（47%、132件）、⑯相模原（46%、128件）、⑰小田原（45%、154件）

千葉

①県立千葉（168%、538件）、②県立船橋（120%、391件）、③千葉東（107%、388件）、④東葛飾（105%、434件）、⑤佐倉（66%、213件）、⑥市立千葉（51・4%、166件）、⑦薬園台（50・9%、163件）、⑧長生（45%、154件）、⑨市立稲毛（40%、126件）

埼玉

①県立浦和（161%、642件）、②大宮（132%、534件）、③県立川越（110%、403件）、④春日部（79%、285件）、⑤浦和第一女子（73%、290件）、⑥市立浦和（68%、216件）、⑦川越女子（56%、204件）、⑧熊谷（46%、171件）、⑨蕨（45%、166件）、⑩越谷北（42%、168件）

東京、神奈川では、進学指導重点校など、都や県、市などから特別に指定された学校が多く並んでいますが、指定を受けていない学校も、これに触発されるように実績を高める傾向が見えてきました。

【表2】では、2011年と比べて、「占有率」や合格件数がどのように推移したか、「占有率」の伸びの大きい順に、私立や国立といっしょに並べました。受験校選びの参考にしてください。

☆合格者数は、推薦と一般の合計。大学によって、補欠繰り上げ、AO入試などを含まない場合があります。難関国立大…東京大、京都大、一橋大、東京工大、北海道大、東北大、名古屋大、大阪大、九州大、東京医科歯科大、神戸大。

【表2】国公立大＋早慶上理の合格件数と「占有率」過去５年の伸び率が高かった学校

国公立＋早慶上理「占有率」				高校名	設置者	国公立＋早慶上理合格件数			難関国立大合格件数		
伸び率	11年	⇒	16年			11年	⇒	16年	11年	⇒	16年
				東京							
87.1%	20%	⇒	107%	立川国際	公	32	⇒	159	2	⇒	21
79.3%	79%	⇒	159%	本郷	私	248	⇒	513	16	⇒	40
78.0%	8%	⇒	87%	広尾学園	私	28	⇒	250	1	⇒	12
77.5%	15%	⇒	93%	桜修館	公	24	⇒	139	1	⇒	9
69.7%	154%	⇒	224%	日比谷	公	514	⇒	717	69	⇒	117
60.9%	76%	⇒	137%	小石川	公	119	⇒	203	13	⇒	27
47.7%	86%	⇒	134%	帝京大高	私	217	⇒	263	12	⇒	10
45.1%	2%	⇒	47%	東京都市大等々力	私	1	⇒	74	0	⇒	2
42.4%	56%	⇒	99%	高輪	私	124	⇒	238	2	⇒	17
42.2%	28%	⇒	71%	東京学芸大附属国際	国	17	⇒	91	1	⇒	4
36.0%	82%	⇒	118%	両国	公	164	⇒	232	10	⇒	15
34.6%	138%	⇒	172%	武蔵	私	230	⇒	286	56	⇒	60
34.4%	13%	⇒	47%	東京大教育学部附属	国	14	⇒	55	0	⇒	2
33.6%	171%	⇒	205%	麻布	私	520	⇒	612	111	⇒	162
32.3%	59%	⇒	91%	新宿	公	185	⇒	289	10	⇒	23
32.2%	2%	⇒	34%	宝仙学園	私	2	⇒	61	0	⇒	5
32.2%	30%	⇒	62%	富士	公	95	⇒	118	0	⇒	8
30.9%	94%	⇒	125%	吉祥女子	私	223	⇒	310	9	⇒	17
28.8%	150%	⇒	178%	渋谷教育学園渋谷	私	320	⇒	371	36	⇒	64
28.6%	118%	⇒	146%	頌栄女子学院	私	266	⇒	297	8	⇒	22
28.5%	33%	⇒	61%	東京都市大付属	私	85	⇒	140	5	⇒	7
26.7%	8%	⇒	35%	安田学園	私	33	⇒	75	1	⇒	5
26.4%	148%	⇒	175%	西	公	482	⇒	540	82	⇒	94
24.7%	6%	⇒	30%	聖ドミニコ学園	私	4	⇒	24	0	⇒	0
24.7%	228%	⇒	253%	女子学院	私	506	⇒	538	58	⇒	81
24.3%	26%	⇒	50%	東農大一	私	99	⇒	163	4	⇒	13
24.2%	88%	⇒	112%	青山	公	245	⇒	317	16	⇒	37
23.4%	31%	⇒	54%	南多摩	公	97	⇒	80	1	⇒	10
22.2%	128%	⇒	150%	鷗友学園女子	私	288	⇒	338	20	⇒	31
20.7%	32%	⇒	52%	富士見	私	81	⇒	119	0	⇒	6
20.1%	24%	⇒	44%	学習院女子	私	50	⇒	86	4	⇒	5
20.0%	138%	⇒	158%	芝	私	382	⇒	445	32	⇒	64
19.9%	23%	⇒	43%	青稜	私	71	⇒	150	2	⇒	6
18.9%	12%	⇒	31%	三輪田学園	私	21	⇒	51	0	⇒	2
18.8%	33%	⇒	51%	学習院	私	65	⇒	104	7	⇒	10
18.0%	12%	⇒	30%	小金井北	公	27	⇒	70	1	⇒	2
17.8%	23%	⇒	41%	三鷹	公	74	⇒	62	5	⇒	5
15.8%	26%	⇒	42%	香蘭女学校	私	47	⇒	73	2	⇒	3
15.4%	7%	⇒	23%	実践女子学園	私	21	⇒	57	0	⇒	1
14.8%	26%	⇒	41%	竹早	公	61	⇒	112	2	⇒	0
14.1%	0%	⇒	14%	自由学園高等科	私	0	⇒	10	0	⇒	0
14.1%	41%	⇒	55%	共立女子	私	140	⇒	172	4	⇒	5
13.8%	30%	⇒	43%	国際	公	72	⇒	103	0	⇒	4
13.3%	5%	⇒	18%	桜丘	私	13	⇒	57	1	⇒	1
12.7%	170%	⇒	182%	豊島岡女子学園	私	614	⇒	627	42	⇒	63
12.5%	14%	⇒	26%	恵泉女学園	私	25	⇒	43	2	⇒	0
12.3%	4%	⇒	17%	新島	公	1	⇒	3	0	⇒	0
12.0%	170%	⇒	182%	東京学芸大附属	国	613	⇒	638	114	⇒	121
11.8%	91%	⇒	103%	武蔵	公	177	⇒	196	13	⇒	34
11.7%	53%	⇒	64%	東洋英和女学院	私	96	⇒	114	3	⇒	3
11.6%	7%	⇒	19%	豊多摩	公	17	⇒	59	0	⇒	2
11.1%	10%	⇒	21%	調布北	公	23	⇒	49	0	⇒	0
10.8%	4%	⇒	15%	墨田川	公	14	⇒	49	0	⇒	3
10.7%	5%	⇒	16%	南平	公	14	⇒	50	0	⇒	0
10.7%	4%	⇒	15%	上野	公	14	⇒	48	0	⇒	0
10.5%	22%	⇒	33%	立教女学院	私	41	⇒	59	0	⇒	7
10.4%	31%	⇒	41%	獨協	私	57	⇒	80	5	⇒	4
10.4%	48%	⇒	58%	東京工大附属科学技術	国	93	⇒	109	17	⇒	22
9.7%	11%	⇒	20%	日野台	公	30	⇒	62	2	⇒	2
9.6%	29%	⇒	38%	順天	私	84	⇒	97	3	⇒	3
9.4%	8%	⇒	18%	目黒星美学園	私	8	⇒	15	1	⇒	1
9.2%	未卒	⇒	9.2%	総合芸術	公	未卒	⇒	14	未卒	⇒	0
9.1%	未卒	⇒	9.1%	多摩科学技術	公	未卒	⇒	19	未卒	⇒	0
8.9%	7%	⇒	16%	八雲学園	私	10	⇒	21	0	⇒	0
8.7%	9%	⇒	18%	かえつ有明	私	8	⇒	28	0	⇒	2
8.6%	46%	⇒	54%	駒場	公	144	⇒	196	4	⇒	10
8.4%	9%	⇒	18%	多摩大目黒	私	23	⇒	46	0	⇒	1
8.4%	2%	⇒	11%	成立学園	私	9	⇒	36	0	⇒	2
8.2%	12%	⇒	21%	北園	公	39	⇒	65	0	⇒	1
8.2%	32%	⇒	41%	錦城	私	190	⇒	209	4	⇒	9
8.2%	31%	⇒	39%	東京女学館	私	73	⇒	89	1	⇒	3
7.9%	7%	⇒	15%	東洋	私	21	⇒	29	1	⇒	1
7.5%	10%	⇒	18%	日大三	私	38	⇒	65	2	⇒	2
7.2%	13%	⇒	20%	明治学院	私	40	⇒	64	0	⇒	0
				神奈川							
94.8%	未卒	⇒	95%	市立横浜サイエンスフロンティア	公	未卒	⇒	220	未卒	⇒	28
70.4%	0%	⇒	70.4%	平塚中等	公	0	⇒	107	0	⇒	7
64.8%	32%	⇒	97%	相模原中等	公	62	⇒	149	1	⇒	18
60.5%	70%	⇒	131%	鎌倉女学院	私	114	⇒	212	2	⇒	11
58.4%	51%	⇒	109%	神奈川大附属	私	115	⇒	217	10	⇒	15
57.6%	67%	⇒	125%	洗足学園	私	163	⇒	303	7	⇒	17
48.7%	1%	⇒	50%	横浜桜陽	公	3	⇒	1	0	⇒	0
37.7%	47%	⇒	85%	山手学院	私	257	⇒	427	8	⇒	29
34.7%	103%	⇒	138%	逗子開成	私	280	⇒	370	29	⇒	39
27.8%	40%	⇒	68%	森村学園高等部	私	66	⇒	130	3	⇒	6
27.0%	171%	⇒	198%	サレジオ学院	私	305	⇒	351	39	⇒	50
24.1%	14%	⇒	38%	大和	公	38	⇒	105	0	⇒	2
23.9%	115%	⇒	139%	公文国際学園	私	186	⇒	222	17	⇒	19
23.5%	63%	⇒	87%	川和	公	198	⇒	273	9	⇒	16
20.9%	51%	⇒	72%	湘南白百合学園	私	91	⇒	120	5	⇒	4
17.2%	148%	⇒	166%	湘南	公	472	⇒	598	60	⇒	82
15.5%	30%	⇒	46%	清泉女学院	私	54	⇒	80	1	⇒	3
13.6%	189%	⇒	203%	栄光学園	私	335	⇒	357	88	⇒	99
10.4%	1%	⇒	11%	横浜翠陵	私	1	⇒	25	0	⇒	0
9.4%	2%	⇒	11%	横浜富士見丘	私	1	⇒	15	0	⇒	0
8.2%	123%	⇒	132%	柏陽	公	343	⇒	371	31	⇒	29
7.9%	10%	⇒	18%	南	公	33	⇒	35	1	⇒	0
7.8%	10%	⇒	18%	聖ヨゼフ学園	私	7	⇒	13	0	⇒	0
7.8%	4%	⇒	12%	日大高	私	16	⇒	53	1	⇒	2
7.5%	6%	⇒	13%	横浜女学院	私	8	⇒	23	0	⇒	0
7.5%	1%	⇒	9%	青山学院横浜英和	私	2	⇒	12	0	⇒	0
7.4%	0%	⇒	8%	鶴見大附属	私	1	⇒	11	0	⇒	1
7.1%	8%	⇒	15%	神奈川学園	私	15	⇒	27	0	⇒	1
				千葉							
39.1%	156%	⇒	195%	渋谷教育学園幕張	私	554	⇒	681	78	⇒	146
33.6%	83%	⇒	117%	昭和学院秀英	私	227	⇒	385	9	⇒	29
27.1%	57%	⇒	84%	芝浦工大柏	私	158	⇒	251	7	⇒	9
18.4%	22%	⇒	40%	市立稲毛	公	70	⇒	126	0	⇒	5
14.4%	37%	⇒	51%	市立千葉	公	117	⇒	166	6	⇒	5
13.4%	18%	⇒	31%	船橋東	公	57	⇒	101	1	⇒	1
13.1%	121%	⇒	134%	市川	私	510	⇒	577	24	⇒	60
10.8%	39%	⇒	50%	専修大松戸	私	147	⇒	210	1	⇒	10
10.0%	97%	⇒	107%	千葉東	公	312	⇒	388	30	⇒	36
9.2%	13%	⇒	22%	市立銚子	公	40	⇒	69	4	⇒	3
9.1%	6%	⇒	15%	日出学園	私	9	⇒	19	0	⇒	1
				埼玉							
40.7%	未卒	⇒	40.7%	開智未来	私	未卒	⇒	33	未卒	⇒	3
30.9%	26%	⇒	57%	大宮開成	私	130	⇒	294	6	⇒	14
21.3%	24%	⇒	45%	蕨	公	88	⇒	166	1	⇒	1
14.1%	102%	⇒	116%	開智	私	527	⇒	594	52	⇒	50
11.8%	19%	⇒	31%	立教新座	私	63	⇒	97	7	⇒	12
10.8%	8%	⇒	19%	昌平	私	37	⇒	97	0	⇒	8
10.0%	16%	⇒	26%	狭山ケ丘	私	54	⇒	89	2	⇒	4
9.8%	3%	⇒	13%	大妻嵐山	私	6	⇒	20	0	⇒	0
9.8%	8%	⇒	17%	浦和西	公	27	⇒	62	0	⇒	1
7.1%	60%	⇒	68%	市立浦和	公	197	⇒	216	5	⇒	13

※「占有率」伸び7%以上

高校入試の基礎知識

偏差値の仕組みを知って学力を伸ばそう

前号では模擬試験の活用法についてお話ししました。今回は、その模擬試験につきものの「偏差値」の仕組みと特徴を知り、どう活用していけばよいのかについてお話しします。偏差値は、その使い方を知っていれば「学校選び」の指標としての強い味方です。うまく利用しましょう。

自分の学力位置を偏差値で知る

偏差値は自分の学力が、同じ高校を志望する集団のなかでどのあたりに位置しているかを判断するときに非常に有効です。

志望校へ向かっていく受験生活のなかで、この秋の時期から大切なのが、志望校および併願校の最終決定です。その作業のポイントとなるのが「偏差値」といえます。

さて、すでに模擬試験は受けてみましたか。

模擬試験を受けたあと、2週間ほどすると返却されてくる資料に、あなたの偏差値が記されています。

これとは別に各高校に付された偏差値も「○○県内私立高校偏差値表」などといった形で手に入れることができたでしょう。

両方の偏差値を見比べながら、最終的な学校選びをしていくのが、一般的です。

今回はそのあたりのことをふまえながら、偏差値とどうつきあっていったらいいのかを考えてみます。

偏差値は統計学から生まれた数値です。偏差値に対して、正しい知識を持ち、その本質を理解してうまく利用すれば、偏差値は受験生の強い味方になってくれるものです。

計算された結果としての偏差値、「60」や「50」といった数値は、これまでも目にしたことはあるでしょう。ただ、その偏差値の仕組みと意味をよく理解することで、その後の受験作戦が立てやすくなります。

では、偏差値はどのように計算されるのでしょうか。まず、偏差値の仕組みについてお話しします。

そもそも、100点満点のうちの50点などという素点（試験における得点）ではなく、偏差値を成績の指標として用いるのはなぜだと思いますか。

では、例えば、「100点満点のテストで70点はいい成績か」と聞かれたとき、どう答えたらいいでしょうか。

この質問に対しては単純には答えられません。「そのテストの平均点」がわからなければ答えようがないからです。

点数が同じ70点だとしても、平均点が30点の試験ならば比較的いい成績といえるでしょうし、平均点が80点の試験ならば、あまりよくない成績となってしまいます。

また、同じ70点を取ったとしても、

BASIC LECTURE

受験者の得点のばらつきが異なると、評価も異なります。例えば受験者の得点が0～60点までの間に集中していて、70点以上はほとんどいないとなると、70点は非常に優秀な成績といえます。

一方、70点以上の受験者が多くいる場合には、同じ70点でも優秀とはいえないことになります。

では、平均点を基準にすれば、「いい成績かどうか」が判断できるのでしょうか。

例えば、A君が、国語と社会で同じ60点を取りました。国語と社会の平均点が、これも同じ50点だったとします。この国語と社会では、どちらがいい成績だと思えますか。

【図1】

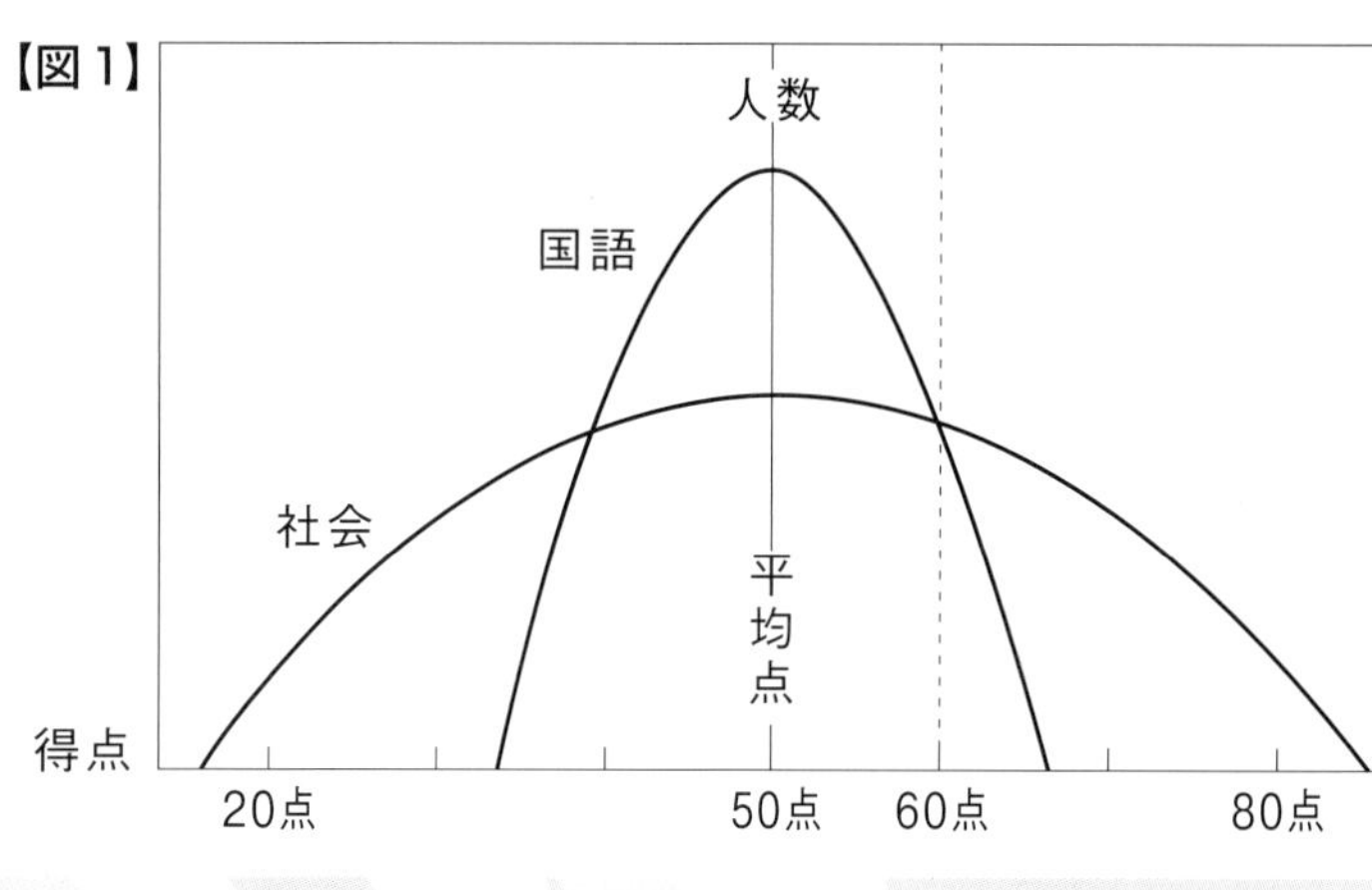

「同じ成績だ」と感じた読者の方もおられるかもしれません。

では、【図1】を見てください。この得点分布を見れば国語と社会は、決して同じ成績とはいえないでしょう。

社会の得点は広く分布していますが、国語の得点は平均点を中心にまとまっています。

つまり、同じ平均50点でも、社会の60点は少しいい程度、国語の60点はいい成績だといえるでしょう。

これらのことから、試験の点数（素点）や、平均点からだけでは、その試験の得点がよいのかどうかは判断しかねることがわかってきたのではないでしょうか。

平均点がわかっただけでは学力位置はわからない

素点や平均点がわかっただけでは、自らの成績（学力）が、全体のどの位置にあるのかはなかなか判断がつきにくいということから、それを補うために考え出されたのが偏差値です。

とくに受験の世界では、受験者全体のなかでの自分の位置づけをみるのに非常に有効な指標と認識されるようになっています。

偏差値の意味を、ごく簡単に説明すると、偏差値は試験を受けた受験生全体の「平均」からの「偏り」の数値を表し、個人のその成績が、全体の平均からどのくらい高い方、低い方に偏っているかを示す数値なのです。

つまり、その試験を受けた受験生全体のなかで、自分がどの学力位置にいるのか、を知ることができるのが「偏差値」です。

偏差値の数値は25〜75の50段階

偏差値は、ある模擬試験を受けた集団の中心を50とおき、それより上位の得点を51、52、53…、下位の成績を49、48、47…と表していきます。そうすると一般的に偏差値は75〜25という50段階の数値の幅のなかに全受験者の結果が含まれるようになります。

ある科目の偏差値が60であれば、75〜25という50段階の数値の幅のなかで、最上位からおおよそ16％の位置、つまり100人中16位くらいの順位であり、偏差値が55であれば、最上位からおおよそ31％の位置であることがわかります。これを次に箇条書きにしてみます。

◇

75　最上位から1％の位置にいる
70　最上位から2％の位置…
65　最上位から7％の位置…
60　最上位から16％の位置…
55　最上位から31％の位置…
50　ちょうど真ん中の位置…（テスト平均点）
45　最下位から31％の位置…
40　最下位から16％の位置…
35　最下位から7％の位置…
30　最下位から2％の位置…
25　最下位から1％の位置…

◇

この数字は、得点分布が正規分布していることを前提として、おおざっぱに計算したもので、詳しくみれば、例えば偏差値70以上には最上位からの2・28％の受験生が、そして40以下には最下位からの15・87％の受験生が含まれている計算になります。

このように偏差値によって全体の受験者のなかでの、自分の学力位置を知ることができるのです。

ただ、心しておいてほしいことは、偏差値は、あくまでも「特定の母集団のなかでの位置づけ」をみるための指標ですから、1つの試験での自分の偏差値、偏差値表、合格ラインといった数値は、基本的には、「そのとき受けた模擬試験のなか」だけでの数値という意味しか持ちません。

偏差値の数字は母集団の影響が大きい

偏差値に大きな影響を与えるのは、母集団、すなわち受験者全体のレベルです。ですから、模擬試験機関によって大きな差があります。

「ある模試では偏差値が60だったのに、別の模試では50だった」という結果は当然のことで、その模擬試験を受ける母集団によって、偏差値が大きく違ってくることが原因です。

模擬試験を受ける際には、色々なところの試験を受けてまわるのではなくて、母集団が多く、ほぼ同じ顔ぶれの受験生たちが、おおむね同じ人数受けている模擬試験を1カ月に1度、定期的に受けたとするなら、個人の偏差値変動は、その母集団のなかでの学力位置の変動に連動していると考えてよいでしょう。

それでも模擬試験各機関の性格もあって、それぞれの模擬試験ごとの母集団には、どうしても違いが生じます。

偏差値の推移をみるには、母集団の数がそろってくる秋以降、同じ機関（模擬試験を行う会社）が催す模擬試験を複数回受験し、その「平均偏差値」を得ることが必要です。

実際の入試での偏差値は、「模擬試験の平均偏差値」に比べてプラスマイナス3の揺れ幅があるそうです。

偏差値が上下に3ずつもの幅で動く可能性があるのですから、入試当日にこれまでにない成績を出しての逆転勝利も、また、思わぬ敗退も起こりえるわけです。

偏差値を利用して学力をあげる方法とは

模擬試験の偏差値をうまく利用することで、勉強の目標を見つけたり、モチベーションを高めたりすることができます。

例えば、A高校の合格可能性の80%ラインが偏差値60だったとします。この高校を偏差値60の生徒が１００名受験したと仮定して約80人合格するというのが80%ラインです。

ある試験が１００点満点の試験だったとすると、少し乱暴な計算ですが、その１００点全体の分布を、偏差値として75〜25の約50段階で示しているので、単純にいうと偏差値1あたり得点2点の違いだとみることができます。5教科合計が５００点満点なら、偏差値1につき得点10点の違いです。

ある生徒の偏差値が57だったとします。前述のA高校を受験する場合、いまは合格可能性は50%ですが、合格の可能性を80%以上となる偏差値60を確保したいとするならば、あと偏差値を3あげなければなりません。ということは、実際の試験を迎えるまでに5科目で30点多く取るようにすれば、80%ラインに近づき、合格の可能性が高くなるわけです。

そのためには各科目ごとに6点上乗せするか、「数学であと何点、国語で何点」と目標の数値を計画していけばいいわけです。もちろんこれは、かなり乱暴な計算になりますが、おおざっぱに考えているにしても、目標値があればモチベーションもあがるというものです。

8月号の答えと解説

問題　論理パズル

A君、B君、C君、D君、E君の5人が、数学のテスト結果について、以下のような発言をしています。

A君「ぼくの得点は、ほかの4人の平均と同じ点数でした。」

B君「5人を得点順に並べると、A君とぼくの間に2人が入ります。」

C君「B君とぼくの得点を平均するとD君の得点と同じになるね。」

D君「5人の得点はみんな違っているね。」

E君「C君よりぼくの得点は低かった。」

このとき、C君とD君の順位（得点の高い順）について正しく述べているのは、次のア～エのうち、どれでしょうか？

ア　C君は1位、D君は3位である。

イ　C君は1位、D君は4位である。

ウ　C君は3位、D君は2位である。

エ　C君は5位、D君は2位である。

解答　ウ

解説

5人の発言から、改めて条件を整理してみましょう。

①B、C、D、Eの得点の平均とAの得点が等しい。
②得点順に並べたとき、AとBの間に2人が入る。
③BとCの得点の平均とDの得点が等しい。
④5人の得点はすべて異なる。
⑤得点の高い順に並べたとき、CはEより上位にある。

となります。

それぞれの得点をa点、b点、c点、d点、e点とすると、
まず、①より、
$b+c+d+e=4a$　……⑥
が成り立ちますから、得点の高い順に並べたとき、④から5人の得点はすべて異なるので、Aは1位でも5位でもないことがわかります。

これと②から、AとBの順位は、Aが2位でBが5位、または、Aが4位でBが1位の2通りしかないことがわかります。つまり、得点の高い方から、
（○、A、○、○、B）または（B、○、○、A、○）
となります。
また、③から、
$b+c=2d$　……⑦
が成り立ち、得点の高い順に並べたとき、DはBとCの間に入ります。

さらに、⑤より、CはEより上位ですから、これまでの条件を満たすのは
（C、A、E、D、B）、（C、A、D、E、B）、（B、D、C、A、E）
の3通りに絞られます。
ところが、⑦を⑥に代入すると、
$3d+e=4a$
が成り立ちますから、AはDとEの間に入ることがわかります。

したがって、この条件も満たすのは、
（B、D、C、A、E）
の順しかないことがわかります。

中学生のための

学習パズル

今月号の問題

Q 英語パズル

1～10の英文の説明に合う英単語はなんでしょう（説明文の末尾の数字はその単語の文字数を表しています）。それぞれの英単語を右のパズル面から探し出して、例のように1つずつ線でつないでみましょう。単語はすべてタテ・ヨコにつながっています。同じ文字が2度使われることはありません。全部の単語を探し出せたら、マス目に残る5個の文字を組み合わせてできる、人の身体に関する単語を答えてください。

A	U	S	T	W	N	I
U	G	R	R	O	E	A
O	M	O	H	U	R	T
T	R	U	T	C	O	F
N	U	O	M	O	X	A
S	R	S	H	N	E	R
E	F	T	N	A	Y	E
O	O	N	U	R	U	S
R	T	C	L	E	A	T

1 【例】the 8th month of the year, between July and September（6）
2 the day after today（8）
3 the brother of your mother or father; the husband of your aunt（5）
4 the direction that is on your right when you watch the sun rise（5）
5 what you earn by working or selling things, and use to buy things（5）
6 a person whose job is to take care of sick or injured people, usually in a hospital（5）
7 the structure that covers or forms the top of a building or vehicle（4）
8 a piece of cloth that is hung to cover a window（7）
9 a place where you can buy and eat a meal（10）
10 a wild animal of the dog family, with reddish-brown fur, a pointed face and a thick heavy tail（3）

応募方法

左のQRコードからご応募ください。
◎正解者のなかから抽選で3名の方に図書カードをプレゼントいたします。
◎当選者の発表は本誌2016年12月号誌上の予定です。
◎応募締切日 2016年10月15日

8月号学習パズル当選者

全正解者68名

松田　修造さん（東京都豊島区・中3）
知久　七海さん（東京都練馬区・中2）
福澤　皓介さん（埼玉県吉川市・中1）

に挑戦!!

桐蔭学園高等学校

問題

右の図のように，点Oを中心とし，ABを直径とする半円と，∠Bを直角とする直角三角形ABCが重なっている。

弧ABと辺ACとの交点をDとし，AB$=2\sqrt{3}$，BC$=2$とする。このとき，次の□に最も適する数字を答えよ。

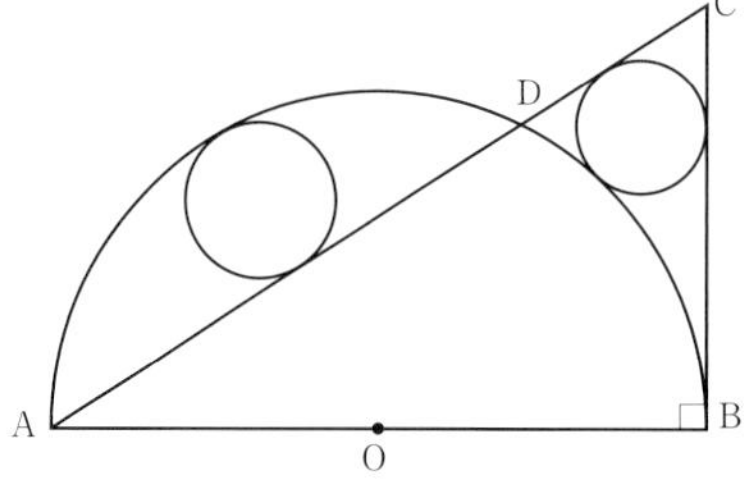

(1) AC＝［ア］，∠CAB＝［イウ］°，∠ODB＝［エオ］°であるから，AD＝［カ］，DC＝［キ］である。

(2) 線分ADと弧ADに内接する最大の円の半径をRとおくと，$R=\dfrac{\sqrt{[ク]}}{[ケ]}$である。

(3) 線分CDと辺BCおよび弧BDに内接する円の半径をrとおくと，
$r=\dfrac{[コ]\sqrt{[サ]}-[シ]}{[ス]}$である。

解答 (1) ア4、イ3、ウ0、エ6、オ0、カ3、キ1　(2) ク3、ケ4　(3) コ4、サ3、シ6、ス3

■ 神奈川県横浜市青葉区鉄町1614
■ 東急田園都市線「青葉台駅」「市が尾駅」、東急田園都市線・横浜市営地下鉄ブルーライン「あざみ野駅」、小田急線「柿生駅」「新百合ヶ丘駅」バス
■ 045-971-1411
■ http://toin.ac.jp/

入試説明会
10月15日（土）　10：30
※授業見学、個別相談あり

学校説明会
11月19日（土）　10：30／14：30
11月26日（土）　10：30
※授業見学、個別相談あり

安田学園高等学校

問題

座標平面において，x座標，y座標がともに整数である点を格子点といいます。
tを自然数とするとき，次の問いに答えなさい。

(1) 点$\left(t,\ \dfrac{24}{t}\right)$が格子点となるような$t$の個数を求めなさい。

(2) 点$\left(\dfrac{2016}{t},\ \dfrac{t}{168}\right)$が格子点となるような$t$の個数を求めなさい。

(3) 点$\left(\dfrac{2016}{t},\ \dfrac{t^2}{1176}\right)$が格子点となるような$t$の個数を求めなさい。

解答 (1) $t=8$　(2) $t=6$　(2) $t=8$

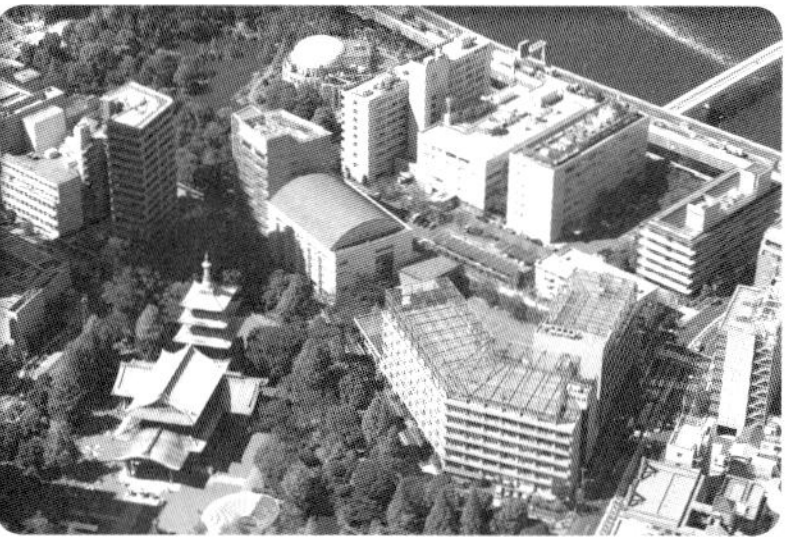

■ 東京都墨田区横網2-2-25
■ 都営大江戸線「両国駅」徒歩3分、JR総武線「両国駅」徒歩6分、都営浅草線「蔵前駅」徒歩10分
■ 03-3624-2666
■ http://www.yasuda.ed.jp/

学校説明会
9月17日（土）　10：00／14：30
10月8日（土）　10：00／14：30
11月5日（土）　14：30
11月26日（土）　14：30
12月3日（土）　14：30

安田祭（文化祭）
10月29日（土）　10月30日（日）
※個別相談あり

個別相談会
11月19日（土）　14：30～17：00

私立高校の入試問題

芝浦工業大学柏高等学校（しばうらこうぎょうだいがくかしわ）

問題

(ア)～(イ)のカタカナの部分を漢字で書いたときに、その漢字と同じ字を含むものをあとの各群1～5のうちからそれぞれ一つ選び、番号で答えなさい。

(ア) ユズって

1 優秀な学者を輩出する土ジョウがある。
2 旅先で貴族の令ジョウと知り合った。
3 自由な発想で日本酒をジョウ造する。
4 郊外に分ジョウ住宅を買うことができた。
5 ブラシでこすって風呂場を洗ジョウする。

(イ) ホ食者

1 後任として彼が第一候ホだ。
2 強風で稲ホが揺れている。
3 小さな子にホ調を合わせた。
4 返事を一週間だけホ留する。
5 野生動物をホ獲して山に戻す。

解答 (ア) 4 (イ) 5

■ 千葉県柏市増尾700
■ 東武野田線「新柏駅」徒歩25分またはスクールバス、東武野田線「柏駅」スクールバス
■ 04-7174-3100
■ http://www.ka.shibaura-it.ac.jp/

入試説明会

10月1日（土） 10：00
10月16日（日） 14：00
11月20日（日） 14：00

増穂祭（文化祭）

10月1日（土） 12：00
10月2日（日） 10：00

日本大学豊山女子高等学校（にほんだいがくぶざんじょし）

問題

$\boxed{1}$～$\boxed{7}$に数字または符号を入れなさい。ただし，答えが分数になる場合は，既約分数で答えなさい。

(1) 方程式 $2x+y+k=0$ で表される直線が，次の方程式で表される2直線 $3x+2y-16=0$，$7x-2y-4=0$ の交点を通るとき，$k=\boxed{1}\boxed{2}$である。

(2) 2次方程式 $(3x+8)(3x-2)-2x(4x+5)=-28$ の解のうち小さい方の解は $x=\boxed{3}\boxed{4}$ である。

(3) A，B 2つのさいころを投げて，さいころAの出た目を a，さいころBの出た目を b とする。$ab-b$ の値が2桁になる確率は $\dfrac{\boxed{5}}{\boxed{6}\boxed{7}}$ である。

解答 (1) $\boxed{1}$ −、$\boxed{2}$ 9 (2) $\boxed{3}$ −、$\boxed{4}$ 6 (3) $\boxed{5}$ 7、$\boxed{6}$ 1、$\boxed{7}$ 8

■ 東京都板橋区中台3-15-1
■ 都営三田線「志村三丁目駅」・東武東上線「上板橋駅」徒歩15分、JR京浜東北線ほか「赤羽駅」・西武池袋線ほか「練馬駅」スクールバス
■ 03-3934-2341
■ http://www.buzan-joshi.hs.nihon-u.ac.jp/

学校説明会

9月24日（土） 14：00
10月29日（土） 13：00
11月23日（水祝） 13：00
12月25日（日） 9：00／10：00／11：00
※12/25は個別面談（9：00～12：00）あり

池袋ミニ説明会 要予約

10月15日（土） 18：15
アットビジネスセンター池袋駅前別館

みんなのお便りコーナー

Letter section

サクセス広場

テーマ マイブーム

父が昔使っていた**ギター**をくれた。やりだしたらメッチャはまった！
（中１・GUITARマンさん）

料理。まだ、野菜炒めとか簡単なものしか作れないけど、家族がおいしいって食べてくれるとやる気が出るんです。マイ包丁がほしい！
（中２・ちびシェフさん）

甲子園の県大会や全国大会を最初から最後まで見ることです！　もちろん見終わったら勉強します…。
（中２・天皇の料理番さん）

絵本。この前部屋を片づけたら小さいころ読んでいた絵本が出てきて、読み返したらなんだか癒されました。
（中１・S.I.さん）

鉛筆を使うこと。中学ではずっとシャープペンシルを使ってたけど、あるときふと鉛筆で勉強してみたら、なんだか妙に落ち着いて…。削ると小さくなって、こんなに勉強したんだ！　って嬉しくなれるのもいいです。
（中２・エントツさん）

友だちの影響で**刺繍**（ししゅう）をやり始めたらはまった！　細かくて集中力がいるけど、普段そんなに集中することがないので新鮮でどんどんはまってます。
（中２・しゅう子さん）

テーマ 勉強のコツ【理科】

暗記するだけじゃなくて、**つながり**とかを意識しながらやるといいと思います。
（中２・理科ルデントさん）

理科は苦手だったんですが、友だちに誘われて**科学部**へ。そうしたらいつのまにか理科好きに！　成績もあがりました！
（中３・リケ男さん）

先生と仲良くなる。理科の先生って面白い先生が多い気がする！　わからないところもすぐに聞けるし、会話も楽しいから教えてもらったことが記憶に残りやすい！
（中２・S.K.さん）

意外と計算問題も出てくるので、**数学の勉強**をちゃんと頑張ることが理科の勉強にもつながると思う！
（中３・でも数学は苦手さん）

理科の成績がいい友だちに聞いたら、**理科自体が好き**だから、「勉強している」という感覚がなくて、授業も毎回楽しいらしい。まずは好きになることが大事なのかなぁ。
（中１・りかちゃんさん）

テーマ 飼ってみたい動物

ヤギ。こないだテレビでヤギのレンタルがあると言っていました。庭にはなして雑草を食べてもらうらしい。草を食べている姿がかわいい！
（中２・メェ～子さん）

人が乗れるくらいの**大きなカメ**を飼いたいです。そして竜宮城へ行きたいな、なーんて。
（中１・浦島二郎さん）

ハシビロコウ。なかなか動かない鳥で、この前動物園に行ったときは動いてるところが見られなかったので、家で飼って動くところを観察したい。
（中２・F.Mさん）

動物に含まれるかわかんないけど、**ピンポンパール**という金魚。飼うなら珍しい金魚がいいなと思って探してたときに出会って一目惚れ！
（中２・サカナナさん）

この前テレビで見た**ワタボウシタマリン**というサルがとてもかわいかった。すごく小さいし、あの子なら飼ってみたいです！
（中１・T.M.さん）

必須記入事項

A／テーマ、その理由　B／郵便番号・住所
C／氏名　D／学年　E／ご意見、ご感想など

右のQRコードからケータイ・スマホでどしどしお寄せください！
住所・氏名は正しく書いてください!!
ペンネームは氏名のうしろに（　）で書いてネ！
【例】サク山太郎（サクちゃん）

Present!!
掲載された方には抽選で**図書カード**をお届けします！

募集中のテーマ

「自分の好きなところ」
「部活でのおもしろ話」
「大切にしているもの」

応募〆切 2016年10月15日

ケータイ・スマホから上のQRコードを読み取って応募してください。

サクセス イベントスケジュール 9月～10月

キク

秋の花というと、キクを思い浮かべる人も多いはず。キクは奈良時代末か平安時代はじめに中国から伝わり、以後長い間日本で愛されている植物なんだ。日本の国花でもあることから、パスポートの表紙にもキクの花をかたどった紋章が描かれているよ。

1

2

3

4

5

6

1 日本初！ 二大巨匠の共演

ゴッホとゴーギャン展
Van Gogh and Gauguin: Reality and Imagination
10月8日（土）～12月18日（日）
東京都美術館

19世紀末に活躍した２名の画家、フィンセント・ファン・ゴッホとポール・ゴーギャン。生い立ちや性格、絵画表現も異なる２人だけれど、親しい交友関係にあったことを知っているかな。1888年の南フランス・アルルでのゴッホとゴーギャンの２カ月の共同生活の時期を中心に、二大巨匠の交流と作品の変遷を紹介する日本初の展覧会だ（P５組10名）。

2 麗しいモード作品の数々

島根県立石見美術館コレクション
モードとインテリアの20世紀展
ポワレからシャネル、サンローランまで
9月17日（土）～11月23日（水祝）
パナソニック汐留ミュージアム

ファッションに関係する質の高いコレクションを持つ、島根県立石見美術館所蔵作品を展示。ファッションがめまぐるしく変化した20世紀の流れを、美しいドレスなどの衣裳作品と同時代のインテリアを同一空間で紹介。その移ろいを学ぶことができる。衣服と住居、人々の生活に欠かせない２つの要素から20世紀を振り返ってみよう（P５組10名）。

3 超絶技巧！ 明治工藝

驚きの明治工藝展
9月7日（水）～10月30日（日）
東京藝術大学美術館

明治時代を中心とした日本の工芸作品は、超絶技巧とも呼ばれる細密で写実的な造形を可能とした技術力・表現力の高さが魅力だ。そんな「明治工藝」の一大コレクターである台湾の宋培安氏のコレクションから100件以上もの作品を展示。全長3m・世界最大の龍の自在置物や、美しいビロード友禅をはじめ、漆工、金工、彫刻など多彩な作品に出会える。

4 ユーモアあふれる町子の世界

サザエさん生誕70年記念
よりぬき長谷川町子展
8月27日（土）～10月10日（月祝）
板橋区立美術館

国民的テレビアニメとして多くの人々から愛されている「サザエさん」。「毎週見てる！」という人も多いんじゃないかな。その原作者・長谷川町子のユーモアあふれる世界を紹介する展覧会が開催中だ。100点の厳選された「サザエさん」原画のほか、他作品の原画や、町子の少女時代のスケッチブックなど、貴重な作品を見ることができるよ。

5 お台場でメキシコを体感！

第17回
フィエスタ・メヒカーナ2016
inお台場Tokyo
9月17日（土）～9月19日（月祝）
港区台場 ウェストプロムナード

さわやかな秋晴れの日にぴったりのイベントがこちら。お台場で開催されるメキシコ文化を体感できる「フィエスタ・メヒカーナ2016」だ。ステージでは本場メキシコから来日するアーティストをはじめとした民族音楽演奏や華麗な民族舞踏が、30以上並んだテントではさまざまなメキシコの料理や民芸品を販売。１日中楽しめるイベントだよ。

6 魅惑的な美しさは必見

クラーナハ展
500年後の誘惑
10月15日（土）～1月15日（日）
国立西洋美術館

見る者をひきつけるような魅惑的なまなざしや表情を持つ女性を描き、ドイツ・ルネサンスを代表する画家として知られている、ルカス・クラーナハ。史上最大規模と名高い今回のクラーナハ展は、オーストリアのウィーン美術史美術館の協力のもと、世界中から集められた約100点の作品で構成される、まさに必見の内容だ（P５組10名）。

1 フィンセント・ファン・ゴッホ《ゴーギャンの椅子》1888年11月 ファン・ゴッホ美術館（フィンセント・ファン・ゴッホ財団）ⓒVan Gogh Museum, Amsterdam (Vincent van Gogh Foundation) **2** 作者不詳《イブニング・パンプス》1920年頃 島根県立石見美術館蔵 **3**《狸置物》大島如雲 **4**『サザエさん』初版（1947年）ⓒ長谷川町子美術館 **6**《ホロフェルネスの首を持つユディト》ルカス・クラーナハ（父）1530年頃 ウィーン美術史美術館 ⓒKHM-Museumsverband.

招待券プレゼント！ Pマークのある展覧会・イベントの招待券をプレゼントします。101ページ「学習パズル」にあるQRコードからご応募ください。（応募締切2016年10月15日）。当選者の発表は賞品の発送をもってかえさせていただきます。

○ 目標・目的から逆算された学習計画

マイスタ・個別進学館は早稲田アカデミーの個別指導ブランドです。個別指導の良さは、一人ひとりに合わせた指導。自分のペースで苦手科目・苦手分野の学習ができます。しかし、目標には必ず期日が必要です。そこで、期日までに必要な学習内容を終えるための、逆算された学習計画が必要になります。早稲田アカデミーの個別指導では、入塾の際に長期目標／中期目標を保護者・お子様との面談を通じて設定し、その目標に向かって学習計画を立てることで、勉強への集中力を高めるようにしています。

○ 集団授業のノウハウを個別指導用にカスタマイズ

マイスタ・個別進学館の学習カリキュラムは、早稲田アカデミーの集団授業のカリキュラムを元に、個別指導用にカスタマイズしたカリキュラムです。目標達成までに何をどれだけ学習するかを明確にし、必要な学習量を示し、毎回の授業・宿題を通じて目標に向けて学習し続けるためのモチベーションを維持していきます。そのために早稲田アカデミー集団校舎が持っている『学習する空間作り』のノウハウを個別指導にも導入しています。

○ 難関校にも対応

マイスタ・個別進学館は進学個別指導塾です。早稲田アカデミー教務部と連携し、難関校と呼ばれる学校の受験をお考えのお子様の学習カリキュラムも作成します。また、早稲田アカデミーオリジナルの難関校向け教材も、カリキュラムによっては使用することができます。

お子様の夢、目標を私たちに応援させてください。

無料 個別カウンセリング 受付中

その悩み、学習課題、私たちが解決します。

個別相談時間 30分～1時間

勉強に関することで、悩んでいることがあればぜひ聞かせてください。経験豊富なスタッフが最新の入試情報と指導経験をフルに活用し、丁寧にお応えします。　※ご希望の時間帯でご予約できます。お電話にてお気軽にお申し込みください。

サクセス15 バックナンバー好評発売中！

2016 9月号

世界を体感！ 視野が広がる！ 海外語学研修の魅力

文化祭へレッツゴー！

SCHOOL EXPRESS 埼玉県立大宮

FOCUS ON 市川

2016 8月号

生活面から勉強面まで 夏休み攻略の手引き

語彙力アップのススメ

SCHOOL EXPRESS 筑波大学附属

FOCUS ON 埼玉県立春日部

2016 7月号

役立つヒントがいっぱい！ 作文・小論文の書き方講座

いろいろな オリンピック&甲子園

SCHOOL EXPRESS 千葉県立千葉

FOCUS ON 東京都立白鷗

2016 6月号

高校入試にチャレンジ！ 記述問題特集

頭を柔らかくして 解いてみよう

SCHOOL EXPRESS お茶の水女子大学附属

FOCUS ON 神奈川県立希望ケ丘

2016 5月号

難関校合格者に聞く ぼくの私の合格体験談

今日から始める 7つの暗記法

SCHOOL EXPRESS 埼玉県立浦和第一女子

FOCUS ON 東京都立国際

2016 4月号

大学で国際教養を 身につけよう

読むと前向きに なれる本

SCHOOL EXPRESS 開成

FOCUS ON 神奈川県立多摩

2016 3月号

読めばバッチリ 高校入試の案内板

2015年を振り返る ニュースの時間

SCHOOL EXPRESS 慶應義塾高

FOCUS ON 神奈川県立光陵

2016 2月号

いよいよ本番！ 高校入試総まとめ

中学生のための 検定ガイド

SCHOOL EXPRESS 千葉県立東葛飾

FOCUS ON 中央大学附属

2016 1月号

過去問演習で ラストスパート

サクラサク合格必勝アイテム

SCHOOL EXPRESS 東京都立日比谷

FOCUS ON 法政大学高

2015 12月号

世界にはばたけ！ SGH大特集

苦手でも大丈夫!! 国・数・英の楽しみ方

SCHOOL EXPRESS 埼玉県立浦和

FOCUS ON 中央大学高

2015 11月号

高校受験 あと100日の過ごし方

シャーペン・ザ・ベスト10

EXPRESS 東京都立国立

FOCUS ON 國學院大學久我山

2015 10月号

社会と理科の 分野別勉強法

図書館で、本の世界を旅しよう！

SCHOOL EXPRESS 東京都立戸山

FOCUS ON 明治大学付属中野

2015 9月号

どんな部があるのかな？ 高校の文化部紹介

集中力が高まる8つの方法

SCHOOL EXPRESS 神奈川県立横浜翠嵐

FOCUS ON 中央大学杉並

2015 8月号

夏休み レベルアップガイド

作ってみよう！夏バテを防ぐ料理

SCHOOL EXPRESS 早稲田大学本庄高等学院

FOCUS ON 法政大学第二

2015 7月号

参加しよう 学校説明会etc

中学生のための手帳活用術

SCHOOL EXPRESS 東京都立西

FOCUS ON 青山学院高等部

2015 6月号

キミもチャレンジしてみよう 高校入試数学問題特集

一度は行ってみたい！世界&日本の世界遺産

SCHOOL EXPRESS 慶應義塾志木

FOCUS ON 公立高校 東京都立富士

これより前のバックナンバーはホームページでご覧いただけます（http://success.waseda-ac.net/）

How to order バックナンバーのお求めは

バックナンバーのご注文は電話・FAX・ホームページにてお受けしております。詳しくは112ページの「information」をご覧ください。

＜コーナー名＞

ア行

あれも日本語 これも日本語 …… 69
英語で話そう！…… 53

カ行

規模がケタ違い！
これが大学の学園祭だ！ … 17
高校受験ここが知りたいQ&A …… 79
高校入試の基礎知識 …… 96
公立CLOSE UP …… 92
古今文豪列伝 …… 65

サ行

サクセスイベントスケジュール…105
サクセスシネマ …… 75
サクセス書評 …… 73
サクセス広場 ……104
サクセスランキング …… 81
サクニュー!! …… 71
じつは特徴がたくさん
公立高校のよさ、知っていますか？… 9
15歳の考現学 …… 86
私立INSIDE …… 88
私立高校の入試問題に挑戦!! ……102
SCHOOL EXPRESS …… 22
School Navi …… 28
世界の先端技術 …… 35
先輩に聞け！ 大学ナビゲーター… 62

タ行

楽しみmath数学! DX …… 50
中学生のための学習パズル ……100
東大入試突破への現国の習慣…… 48
東大百景
トーダイってドーダイ!? … 16

ナ行

なんとなく得した気分になる話… 77

ハ行

バックナンバー ……110
FOCUS ON …… 30

マ行

正尾佐の高校受験指南書 …… 45
ミステリーハンターQの
歴男・歴女養成講座… 67
みんなの数学広場 …… 56

ワ行

和田式教育的指導 …… 38

＜本文中記事＞

ア行

青山学院大 …… 60, 62, 78
青山学院横浜英和高 …… 90
厚木高（県立）…… 13, 30
稲毛高（市立）…… 13
岩倉高 …… 78, 88
上野学園高 …… 56
浦和高（市立）…… 13
浦和高（県立）…… 13
浦和第一女子高（県立）…… 13
浦和西高（県立）…… 13
浦和麗明高 …… 90
江戸川女子高 ……表3
大阪大 …… 92
大西学園高 …… 90
大宮高（県立）…… 13
大宮北高（市立）…… 13

カ行

開智高 …… 54, 73, 89
かえつ有明高 …… 74
学習院大 …… 60, 78
柏高（県立）…… 13
春日部高（県立）…… 13
春日部共栄高 …… 15
春日部女子高（県立）…… 13
春日部東高（県立）…… 13
川越高（県立）…… 13
川越女子高（県立）…… 13
川和高（県立）…… 13
神田女学園高 …… 89
関東国際高 …… 2
北園高（都立）…… 13
希望ケ丘高（県立）…… 13
九州大 …… 92
京都大 …… 92
錦城高 …… 90
国立高（都立）…… 13
敬愛学園高 …… 89
慶應義塾大 …… 60, 65, 78, 92
慶應義塾大学院 …… 26
京華高 …… 表2, 89
京華商業高 …… 表2, 89
京華女子高 ……表2
工学院大学附属高 …… 34
麹町学園女子高 …… 89
神戸大 …… 92
光陵高（県立）…… 13
小金井北高（都立）…… 13
國學院高 …… 60
国際高（都立）…… 13
国際学院高 …… 11
国分寺高（都立）…… 13
越谷北高（県立）…… 13
駒込高 …… 42, 89
駒澤大学高 …… 94
駒場高（都立）…… 13

サ行

栄東高 …… 1
佐倉高（県立）…… 13
桜丘高 …… 52
芝浦工業大学柏高 …… 90, 103
芝浦工業大学附属高 …… 90
渋谷教育学園幕張高 …… 66, 92
十文字高 …… 29
首都大学東京 …… 23
順天高 …… 64
上智大 …… 60, 65, 78, 92
湘南高（県立）…… 13
女子美術大 …… 73
女子美術大学付属高 …… 70
新宿高（都立）…… 13
巣鴨高 …… 50
杉並学院高 …… 89
墨田川高（都立）…… 13
成蹊高 …… 51
成城学園高 …… 44
正則高 …… 8
聖ヨゼフ学園高 …… 89
専修大学附属高 …… 90

タ行

竹早高（都立）…… 13
立川国際中等教育学校（都立）… 93
橘高（市立）…… 13
多摩高（都立）…… 13
千葉高（市立）…… 13
千葉高（県立）…… 13
千葉東高（県立）…… 13
中央大 …… 60, 78
中央大学高 …… 58
中央大学杉並高 …… 45
調布北高（都立）…… 13
鶴見大学附属高 …… 43
帝京高 …… 90
東亜学園高 …… 90
桐蔭学園高 ……102
東京医科歯科大 …… 92
東京藝術大 ……105
東京工業大 …… 92
東京成徳大学高 …… 89
東京大… 16, 17, 46, 48, 74, 92
東京都市大学等々力高 …… 93
東京理科大 …… 46, 60, 78, 92
桐朋女子高 …… 40
東邦大学付属東邦高 …… 89
東北大 …… 92
東洋大 …… 68
東洋大学京北高 …… 68, 88
豊島学院高 …… 72
戸山高（都立）…… 13
豊多摩高（都立）…… 13

ナ行

名古屋大 …… 92
灘高 …… 65
成田国際高（県立）…… 13
西高（都立）…… 13
新渡戸文化高 …… 90
日本音楽高 …… 90
日本工業大学駒場高 …… 90
日本女子大学附属高 …… 82
日本大学豊山女子高… 90, 99, 103
日本橋女学館高 …… 90

ハ行

白鷗高（都立）…… 13
柏陽高（県立）…… 13
八王子学園八王子高 …… 97
八王子東高（都立）…… 13, 22
東葛飾高（県立）…… 13
一橋大 …… 92
日出学園高 …… 90
日比谷高（都立）…… 13, 93
富士見丘高 …… 26
藤村女子高 …… 89
不動岡（県立）…… 13
船橋高（県立）…… 13
文京学院大学女子高 …… 46
法政大 …… 60, 78
法政大学高 …… 50
法政大学女子高 …… 90
法政大学第二高 …… 88
朋優学院高 …… 90
保善高 …… 76
北海道大 …… 92
本郷高 …… 28

マ行

松山高（県立）…… 13
三田国際学園高 …… 36
武蔵高（都立）…… 13
武蔵野北高（都立）…… 13
村田女子高 …… 89
茗渓学園高 …… 90
明治大 …… 60, 78
明治大学付属中野高 …… 83
明治大学付属明治高 …… 80
明星高 …… 84
明法高 …… 98

ヤ行

弥栄高（県立）…… 13
安田学園高 …… 88, 102
山梨大 …… 73
横浜国際高（県立）…… 13
横浜国立大 …… 92
横浜サイエンスフロンティア高（市立）… 13
横浜翠嵐高（県立）…… 13

ラ行

立教大 …… 60, 78
両国高（都立）…… 13

ワ行

早稲田大 …… 60, 78, 81, 92
蕨高（県立）…… 13

From Editors

リオデジャネイロ・オリンピックが終わり、この号が出るころはパラリンピックが開催されています。オリンピックで競技を終えた選手のコメントを見ていて気づいたのは、「4年後」の東京オリンピックを見据えた発言が多かったこと。次回となると必然的に4年後になるのでしょうが、具体的な目標をめざして未来を語る選手の姿には頼もしさを感じました。みなさんの4年後というと、現在の中1は高2、中2は高3、中3はなんと大学1年生にあたります。4年後どんな人になっていたいか、いまから考えてみるのも決して早すぎることはないと思います。今月号の特集では大学の学園祭を取り上げていますので、そのきっかけになれば幸いです。 (H)

10月号

Next Issue 11月号

Special 1

めざせ実力アップ!
英語の単元別
勉強法

Special 2

ノーベル賞特集

SCHOOL EXPRESS

豊島岡女子学園高等学校

FOCUS ON

千葉県立佐倉高等学校

※特集内容および掲載校は変更されることがあります

Information

『サクセス15』は全国の書店にてお買い求めいただけますが、万が一、書店店頭に見当たらない場合は、書店にてご注文いただくか、弊社販売部、もしくはホームページ(右記)よりご注文ください。送料弊社負担にてお送りします。定期購読をご希望いただく場合も、上記と同様の方法でご連絡ください。

Opinion, Impression & etc

本誌をお読みになられてのご感想・ご意見・ご提言などがありましたら、ぜひ当編集室までお声をお寄せください。また、「こんな記事が読みたい」というご要望や、「こういうときはどうしたらいいの」といったご質問などもお待ちしております。今後の参考にさせていただきますので、よろしくお願いいたします。

サクセス編集室お問い合わせ先

TEL : 03-5939-7928　FAX : 03-5939-6014

高校受験ガイドブック 2016⑩サクセス 15

発行　2016年9月15日　初版第一刷発行
発行所　株式会社グローバル教育出版
〒101-0047 東京都千代田区内神田 2-4-2
TEL 03-3253-5944
FAX 03-3253-5945
http://success.waseda-ac.net
e-mail success15@g-ap.com
郵便振替口座番号 00130-3-779535
編集　サクセス編集室
編集協力　株式会社 早稲田アカデミー